本书配套课程获评“湖南省一流本科课程”

普通高等学校
应用型教材
·新闻传播学·

U0853921

谢　杰 / 主编
杨清华　刘玉祥 / 副主编

新媒体视听节目制作

NEW MEDIA AUDIO-VISUAL PROGRAM PRODUCTION

数字教材版

中国人民大学出版社
·北京·

前 言

随着5G时代的到来，影视文艺的新兴力量——网络视听行业迎来了蓬勃发展的历史新机遇。市场急需大量优质内容的生产者、制作者，需要大量掌握新技术、新技能的高素质应用型人才。目前国内众多高等院校先后开设了广播电视学、广播电视编导、网络与新媒体、数字媒体艺术等与数字媒体相关的专业，这些专业的毕业生是网络视听行业最主要的生力军。

“新媒体视听节目制作”是基于当下新媒体时代的发展需要而出现的影视创作类课程，旨在培养深谙短视频、中长视频内容创作，能导会拍、能写会编的应用型人才。与传统的影视媒体制作类课程不同的是，“新媒体视听节目制作”课程在总结专业媒体机构影像创作理论与经验的同时，更倾向于指引学习者掌握新媒体时代新设备、新技术，创作适应新媒体平台传播的新内容。

本书积极响应“以学生为中心”的教学理念，将理论讲解融汇于实践技能提升之中，内容涵盖新媒体视听节目创作的前期策划、中期拍摄及后期剪辑，从视听节目的制作的基本流程、创作方法、实用技术等方面进行了全面、系统的讲述，同时精选国内外经典案例，结合理论进行透彻的分析。每一章节之后都增设了具有较强的高阶性、创新性和挑战度的拓展资源、思考与练习、实践项目及实践项目考核评价表，借以促进学生自主学习。

本书的作者来自学界与业界。谢杰、杨清华是湖南第一师范学院文学与新闻传播学院的教师，曾经供职于湖南卫视、湖南教育频道，电视作品曾在国家级比赛中获得一等奖，受省政府嘉奖，有着丰富的影视策划、现场导演、后期编辑经验，曾带领学生在全国大学生广告艺术大赛上多次斩获大奖；刘玉祥老师为泰山学院教师，在电影摄制、无人机航拍上有丰富的实践经验。本书第一章至第三章由杨清华撰写，内容涉及前期策划，系统阐述了新媒体时代导演的基本素养、新媒体视听节目的类型与特征、新媒体视听节目的“策划之道”；第四章至第六章涉及中期拍摄，主要从设备的挑选、新兴设备拍摄技术、流行拍摄技术等方面进行介绍，其中第四章为刘玉祥老师撰写，第五章、第六章为谢杰老师撰写；第七章至第十章涉及后期剪辑，主要从编辑构思、剪辑的法则、镜头的组接、节目的合成等方面进行讲解，由谢杰老师撰写。

本书在编写过程中得到了中国人民大学出版社的编辑老师及湖南第一师范学院文学与新闻传播学院领导与同事的大力支持，并获湖南第一师范学院文学与新闻传播学院教材编写资助，在此表示衷心的感谢。同时特别感谢广播电视系的同学们为本书案例提供图片、视频资料。

本书是三位老师在教学过程中的探索与总结，亦是对多年来影视创作一线工作经验的梳理，因编者水平有限，难免有错漏，恳请广大读者和学界、业界同行批评指正。

编者

2023 年 4 月

目录
CONTENTS

下篇　新媒体视听节目的剪辑

上篇
新媒体视听节目的前期策划

新媒体视听节目是指在数字新媒体平台播放和应用的与传统广播电视节目有着不同内容或服务的节目形态。随着新媒体技术的广泛应用和不断发展，微电影、微纪录片、网络节目、短视频等新的节目形态不断涌现，各自的特征日益凸显。同时，新媒体视听节目在内容生产过程中也存在模仿跟风、创新不足、同质化等现象。作为新媒体视听节目的创作者，既需要把握新媒体视听节目的价值导向，又需要推进内容生产的原创性与人文性，这就要求我们掌握新媒体视听节目的创作技巧与方法，优化生产传播机制。本篇将系统介绍新媒体视听节目导演的基本素养、新媒体视听节目的类型与特征以及各类数字视听节目的策划之道，以为新媒体视听节目的内容生产提供理论支持。

第一章

新媒体时代导演的基本素养

【学习目标】

1. 了解新媒体时代导演的基本素养。
2. 熟悉新媒体时代导演素养的培育要求。
3. 提升新媒体视听节目策划的受众意识、画面意识、细节意识。

第一节 受众意识

在我国，传媒生态已完成了从“以传者为中心”到“以受者为中心”的转变。受众在影视行业有着举足轻重的地位，甚至能决定一部作品的成败。在数字视听节目传播过程中，受众这一最活跃、最重要的因素是体现传播效果的关键要素，只有导演“心里有受众”，节目才会有“观众”。

一 选题的“人民性”

选题是导演必修的第一门功课，是“拍什么”的问题。新媒体时代导演应坚持“以人民为中心”的创作导向，做新时代的“记录者”“思考者”。新媒体时代的影视人对如何抓住时代机遇、以人民为创作导向、讲好中国故事等做出了很多研究与创作努力，他们从人民生活出发，以人民参与为主，创作了一批具有较高价值和人民情怀的影视作品，并摸索出了一些选题规律。

（一）选题意识

1. 紧扣热点

新媒体视听节目创作应以“现实主义题材”为创作追求，紧扣社会热点。好的选题应关注人民生活和国家重大发展变化，反映时代变迁，展现个人生存生活与国家、社会发展的关系，诸如爱国主义、乡村振兴、创新创业等选题。

2. 贴近群众

现实主义题材作品中的人物不是凭空想象出来的，而是立足于现实、立足于时代被塑造出来的，人是新媒体视听节目创作中应该重点关注、刻画的核心要素。不同于好莱坞电影中那些具有主角光环、远离现实的个人英雄形象，中国影视作品塑造的人物形象应该符合人物生活经历，真实可信，具有新时代人民的典型特征。新媒体视听节目导演在塑造这类人物时可以开展丰富的素材征集活动，形成选题、剧本等的征集机制，充分践行贴近群众、与群众一起创作的理念。

3. 田野调查与问题意识

按照新媒体视听节目的制作规范，在拍摄之前需要先完成对选题的基本考察，根据调查结果整理出可供拍摄的主题，然后确定文案框架，以及时空、人物背景的系统梳理，这不但可以节约时间、人力与设备成本，还能够降低后期编辑的工作强度、减少工作时长。与此同时，调研者需要具备相当的“问题意识”。我们需要对被拍摄主体有一定的敏感性，带着敏锐的问题意识进行田野考察，在考察中不是被动地接受芜杂的素材，而是围绕个人的或社会的疑问与困惑展开田野调查。

4. “人民”视角

毋庸置疑，“以人民为中心”的新媒体视听节目始终将镜头对准“人民”。比如，人民视频推出的原创人物纪实微纪录栏目《夜归人》第二季（见图 1－1），就讲述了各行各业中人物的暖心故事。在新冠病毒感染疫情来临之后，仍坚持拍摄的武汉视频创作者林晨；不断寻求新突破并真诚面对自我成长的演员杨超越；在科普网红与中学老师之间寻找价值平衡的老师李永乐；坚持排练并期待疫情过后重返舞台的人艺演员孙茜；在 30 岁时敢于以更多身份承担重任的经济学博主温义飞……导演通过观察多元人物的真实生活，倾听他们的内心感受，呈现了丰富多样的夜归人生。

图 1-1　《夜归人》第二季截图

（二）存在的问题

当然，在新媒体视听节目创作过程中，我们也应该清醒认识到目前存在的一些问题。

1. “重主题，轻人物”

一些创作者过分强调主旋律价值观念，为了“主题”而“主题”。有些作品表现出盲目追求“情节曲折”“过度煽情”等倾向，没有真正理解“以人民为中心”创作导向的深刻内涵，故事流于表面，缺乏深入人心的人物形象，这样的作品自然生活气息匮乏。

2. 讲述方式同质化

在一些典型人物、典型故事的讲述中，很多作品的讲述方式比较陈旧，表现形式单一，同质化现象较为严重，同时带有“居高临下”的说教色彩，无法吸引年轻受众。

3. 传播效果不理想

各级电视台创作了很多“命题作文”式的作品，其中不乏优秀感人、源于人民生活的好故事，但这些作品主要在主流媒体平台播出，其他媒体平台明显滞后，导致传播效果不理想。互联网给影视传播、用户体验、收看方式、制作手段等方面带来了颠覆性变化，不抢占网络媒体平台，就等于放弃了广阔的传播路径，也就放弃了更多的受众。

二 叙事的“微观化”

在新媒体语境下，每一个网络用户的背后都是一个生命个体，个人主义和自我意识的彰显使得用户的主体地位不断提高，对个体的关注成为一种新的趋势。再加上“后现代主义”的文化思潮盛行，传播生态出现了对中心的消解、对权威的消解，新媒体也开始成为宏大主题传播的载体。

（一）宏大主题与微观叙事

宏大主题的传播可以在宏观叙事与微观叙事上做选择。随着改革开放进程的不断深入，人们的思想、文化、生活方式均发生了巨大改变。艺术传播的最终落脚点是人，叙事的最终目的是影响人。在这样的传播观念下，导演们开始尝试用微观叙事的方式拆解宏大主题，用微观叙事替代宏观叙事，契合以人为本的创作导向，平民化、生活化的主题，开始逐渐取代政治宣传主题。导演们的微观叙事也体现出了极强的“生活感”。如优秀作品《追光者：脱贫攻坚人物志》，该片由国家广播电视总局指导、优酷出品，在消灭绝对贫困、全面建成小康社会的收官之年推出，主要在新媒体平台传播（见图 1－2）。这是一部脱贫题材的系列微纪录片，共 50 集。导演将宏大主题微观化，以每集 6～8 分钟的时长聚焦一个人或一群人，及其做的某件事，讲述选择不同人生道路的平凡人物闪现出的心灵之光，展现脱贫攻坚工作成果，让受众感受到美好生活的希望之光。片中各具特色的扶贫者和脱贫者勇敢、坚韧，他们通过不同的方式与贫穷抗争，是时代的“追光者”，这样的叙事不仅贴近受众，也深刻影响了受众。

图 1－2 《追光者：脱贫攻坚人物志》海报

（二）贴近式观察与微视角

微观叙事还表现在贴近式观察上。由国家卫生健康委宣传司指导、爱奇艺等多家机构共同出品的大型医疗人文纪录片《中国医生》、优酷人文上线的《中国面孔》、中央电视台推出的融媒体系列短视频《武汉：我的战“疫”日记》，以及纪实 Vlog《战“疫”前剪掉心爱长发 山东援鄂医疗队员笑着哽咽：有点想哭》和《山东高密小伙连续十几小时自驾送到湖北一批口罩》等作品，通过贴近式观察形成的微观视角，将镜头聚焦在面对全国重大疫情时一个个更为具体的普通人身上，包括奋斗在抗击新冠病毒感染疫情前线的医生、护士、军人、口罩生产工人、后勤保障人员、患者等，用影像记录真实，多角度展现在危难时刻众志成城防控疫情的决心，细腻而动人。在这些纪录片中，导演多以介入而不干扰的态度呈现粗粝、普通的生命质感，使普通人成为记录的中心，个人的情感、信仰与命运不再是宏大主题、政治话语中的象征符号，而是具体可感的生活现实。

三　受众分析的“科学性”

大数据技术已经遍布社会各个领域，从只是一个模糊的概念到实际的应用，从结构化数据分析到非结构化数据分析及半结构化数据分析，大数据技术在不断地向前发展着。在影视行业中，好莱坞电影工业为世界电影产业的发展做出了巨大贡献。好莱坞电影工业的成长法则是“创新”，从声音、特效到制作，好莱坞的创新脚步从未停止过。在互联网浪潮来临以后，通过对信息技术与数字技术的运用，好莱坞电影再次将其恢宏的制作效果展现在受众面前，这正是好莱坞电影的魅力所在。随着云计算和大数据的蓬勃兴起，通过大量的数据挖掘受众的兴趣，从而指导影视创作的手段，受到了越来越多专家和学者的关注。2013 年，美国视频网站奈飞（Netflix）投拍的电视剧《纸牌屋》（见图 1－3）第一次将大数据技术运用到影视创作之中，并且取得了巨大的成功，自此全球的影视行业从业者都开始关注大数据在影视创作中的应用。

《纸牌屋》所使用的数据库包含了 3 000 万用户的收视选择，400 万条评论，300 万次主题搜索、评论、暂停、回放、快进等动作信息，用户评分，用户搜索数据，对演员、导演的喜爱程度，以及剧集播放设置、剧情导向选择、剧集的播放时间等。其海

图 1-3 《纸牌屋》海报

量的用户数据积累和分析，为制作方做决策提供了精准的依据。到最后，如何成片、演员和导演怎么选、在哪个时间段播出都由广大受众的客观喜好决定。从受众洞察、受众定位、受众接触到受众转化，每一步都由精准、高效、经济的数据引导，从而实现大众创造的 C2B Customer to Business，即由用户需求决定生产。最终结果是，《纸牌屋》大热，奈飞公司收益提升。①

在影视项目的宣发过程中，对大数据的实时获取与分析，能够指导导演团队、营销团队对当下的舆论方向、宣传路径、炒作活动需求等做出及时、有效的判断，从而对受众进行精准营销。现在各大视频网站更加细化了评论、打分等环节，文学评分、视觉评分、音乐评分等作品评价指标也更客观、系统。导演需要把握市场对选题、评分、票房等多种要素的反应，建立受众需求评估体系，寻找商业价值与艺术价值的突破点。大数据对影视行业价值链的影响如图 1-4 所示。

丹尼斯·麦奎尔的《受众分析》在分析受众的结构性时阐明："受众的构成是选择的结果，不同的媒体会显示出受众具有鲜明而稳定的社会结构。"②在互联网和新媒体迅速发展的当下，互联网用户数量激增，用户在网络电影平台上产生的行为数据和文本

① 杨晓艳．大数据是如何捧红《纸牌屋》的？［EB/OL］．（2018-03-06）［2022-06-25］．https：//36kr.com/coop/uc/5073252.html.

② 麦奎尔．受众分析［M］．刘燕南，李颖，杨振荣，译．北京：中国人民大学出版社，2006：70.

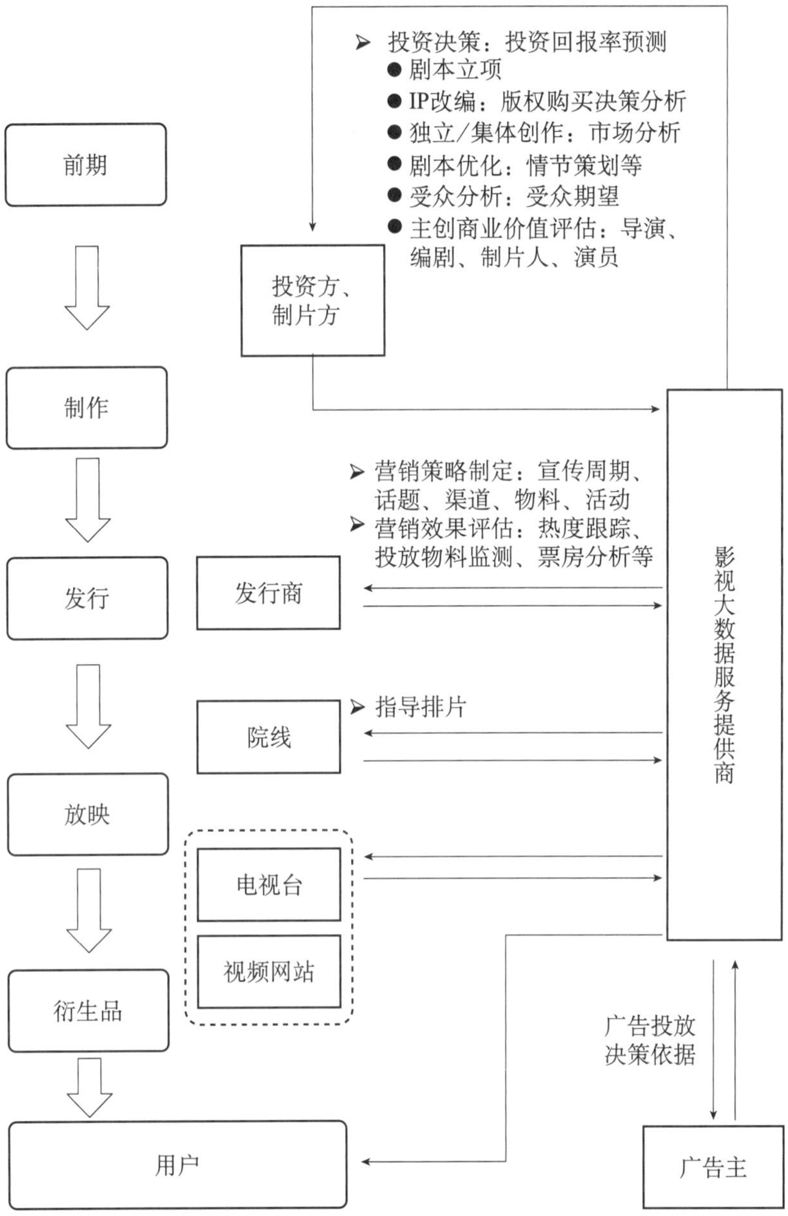

图 1－4　大数据影响影视行业价值链分析图

数据也呈爆炸式增长。互联网用户的评论对象包括人物、产品、服务、事件、话题等，这些评论往往包含了用户对评论对象的观点、情感、情绪、态度和意见，如何准确地从评论文本中识别并提取出用户的两极甚至多极情感倾向，不仅在商业研究和舆情领域有着重要价值，也是目前自然语言处理（NLP）领域的研究热点之一。

因此，我们对受众的数据分析主要可以从以下六个维度展开：第一个维度是新媒体视听节目的观看率，即调查对象中受众所占的比例、受众观看的频率等；第二个维度是新媒体视听节目的接受动机，即受众的观看目的；第三个维度是新媒体视听节目的接受媒介，即受众的接触渠道、认知方式、接受频率等；第四个维度是新媒体视听节目的接受情境，即受众的观看时间、观看时的人际交往等；第五个维度是新媒体视听节目的接受偏好，即受众偏好的时长、题材、要素等；考虑到目前市场上大部分新媒体视听节目依赖植入性广告的生存现状，第六个维度则是调查节目中广告的接受度，从受众角度分析广告对视听节目发展的影响。①

第二节 画面意识

视听艺术的基本思维模式是视觉思维，即用视觉形象来体现故事的内容，包括每一个镜头和镜头与镜头之间的连接。镜头是由各种造型元素组成的，造型元素则由景、物、人组成。作为新媒体视听节目的导演，我们需要在创作中将这些视觉形象充分展现出来。

一 视觉造型

导演通过对视听节目的空间造型设计传达节目的图像风格，这种风格会给受众一种强烈的视觉冲击，使受众的生物性感官系统在语言系统之前受到触动。

（一）在剧本中建构视觉思维

导演需要在剧本中建构视觉思维，需要“让读者翻阅稿纸时，感到有一部影片在他们的想象中流动”②。在剧本里，对某一事物的单独描述，如一片秋叶飘落、一张发黄的照片、一份朴素的午餐、几颗散落的衣扣，容易让人产生视听的想象。有时剧本中也会大量出现一系列的画面描写，看似毫无联系，但组合起来却能表达导演的某种意图，产生“1 加 1 大于 2”的视觉效果。有时剧本的对白里也会穿插适当的画面，这

① 黄会林，俞虹．影视受众调查与研究［M］．北京：北京师范大学出版社，2007：1，74，156.
② 麦基．故事［M］．周铁东，译．北京：中国电影出版社，2001：462.

些淡入、淡出的画面可以对对白内容起到补充、联想、强化、对比等作用。

另外，新媒体视听节目剧本与舞台剧剧本不同，它不需要像舞台剧那般为了换幕而暂停演出或者中场休息，新媒体视听节目剧本借助的是受众的视觉感知规律，通过画面切换带领受众感知跳跃、穿越，甚至是“难以理解”的转场。但这种时间空间的自由转换的确是建立在受众的认知基础之上的，有其基本的“相通性”。新媒体视听节目剧本通过这种“相通性”，用画面去构建“统一性”。如剧本第一节提到国家大剧院，下一节出现服务员端上一份牛排，由于牛排罩与大剧院造型的形似性，因此两节画面并不显得突兀。剧本中的视觉引领还可以通过镜头的运动去实现，推、拉、摇、移等镜头运动会让受众进入主观视角，镜头不断运动，画面不断变化，这样就给予了受众对剧中人物、环境背景更多的画面想象。因此说，作为新媒体视听节目的导演，我们需要在剧本中始终建构视觉思维，通过激发想象、建立“共通”、主观引领，最终使画面趋于合理，引起受众的共鸣。

（二）在视觉造型中提高美学品质

导演还需要在视觉造型中提高美学品质。作为视觉的基本构成单元，画面的美学品质和戏剧力量对作品的整体质量而言极其重要。首先，画面的构图、线条、色彩、光影中所呈现出来的人物、空间及二者之间的互动能够对人物的心理、人物之间的关系、人物行为以及整体的电影叙事起到解释或推动的作用。其次，不同的镜头具有不同的意义，如大特写和特写镜头之于“超现实”塑造、近景和全景镜头之于主观视角、远景和景深镜头之于“纪实”风格，在视觉仿真、行动仿生、虚拟现实（VR）等新型视效技术诞生之前，镜头的使用往往与剪辑手法共同发挥作用，成为一部电影作品整体风格的决定性因素。最后，演员的表演作为电影视觉的有机组成部分，也是电影形式与风格的影响因素。因此，为了获得高质量的影片，导演需要提高画面的美学品质。

以网络大电影《睡沙发的人》为例（见图 1-5），为了说明高考落榜的男主角粟一柯在舅公的引导下对知识和教育产生的心理和态度变化，电影在画面处理上使用了几处与整部影片的自然主义风格并不协调的影像段落，如粟一柯阅读《棋王》时具有“老电影”质感的画面，不仅对文学作品的细节刻画在主人公脑海中形成的想象画面进行了还原，也同时交代了主人公对文学作品产生兴趣的原因，为影片叙事提供了进一步发展的动力。又如，影片中一段长达 3 分钟、有着浓郁象征意味和“作者电影”色彩的段落，将主人公阅读文学作品时产生的“共情”进行了影像还原，段落中的旁白既是阅读，又是主人公的心理映射。除此之外，在塑造男主角与“舅公”之间从疏离到信任的互动关系时，电影也以逐渐增加的二人在画面中同时出现的次数表征了角色关系的变化。作为一部小成本的网络大电影，《睡沙发的人》中质朴的画面、并不复杂的镜头和场面调度，以及主演自然主义的表演风格，为影片整体营造出的兼具现实主义和浪漫主义的气质提供了形式上的支持。①

图 1－5 《睡沙发的人》剧照

可以说，新媒体视听节目审美价值的创造首先是对“美的形式”的创造，同时，审美主体（受众）通过对节目“美的形式”的具体感知，进而产生感动，深化为领悟，再产生审美关系，从而完成审美价值的接受。在画面、镜头、光影、剪辑等电影形式方面进行自我提升是弥补电影艺术性缺失的首要和必要路径。因此，不管是针对剧本创作，还是针对造型设计，导演都应考虑视觉的影响力。

二 时空把握

视听节目是对现实世界中的事物及其时空环境的再现。现实世界是视听节目中创造性视觉思维最初的识记资源，而视听节目则是通过视觉思维对现实世界的映像再造和审美想象，生活真实性构成了视听节目艺术理想主义表达方式的视觉基础。

（一）明确空间旨意

在现场拍摄时，导演的画面空间在哪里？他是如何掌控画面空间的呢？系统地学过

① 杨贝贝，宋培义．网络大电影审美价值的缺失与对策［J］．当代电影，2019（11）：154－158.

导演相关课程的人可能知道，导演的画面空间永远是“旨意”性的，导演只有目的、意图和范围，真正执行画面拍摄的往往不是导演，而是摄像师。然而整部片子画面的灵魂仍然是导演，导演心目中的目的、意图和范围是异常明确的。他是怎样实现画面理想的呢？毋庸置疑，他靠的是“拍摄提纲”，每部片子的拍摄都是千变万化的，但总有一个规律是不可违背的，那就是范围框定的画面空间、意图明确的画面空间、目的实现的画面空间。这看上去并不难理解的三要点，不同人做起来的效果却差别很大。这说明导演对画面空间的掌握充满了丰富的内涵，充满了导演艺术的学问，值得我们长期思考研究。①

（二）加强空间感知

空间感知包括对事物的形状、大小、方位、远近和深度等特性的感觉和知觉。值得关注的是，部分新媒体视听节目采取竖屏拍摄，这时导演对空间的把握需要更加慎重。竖屏拍摄的空间是相对狭窄的，有限的空间容易造成人物间矛盾的激化。当两人或多个人物置身于同一竖屏镜头之中时，人物之间的距离是有限的，物理距离的缩短导致心理距离的拉近，人物之间必然要直接产生正面的交流，进而产生较为强烈的剧情性甚至直接的矛盾冲突。爱奇艺自制竖屏剧《生活对我下手了》讲述的是一个普通女孩在生活中的种种不如意（见图1-6）。每一集讲述女主角的一次遭遇，在有限的空间和极短的时间内以搞笑的形式反映一些现实问题。例如，将空间环境限制在举办同学会的包间里，空间内的所有人不得不进行交流，攀比、炫耀、巴结、鄙视等互相交织，展现了“变味”的同学关系，进而讽刺了部分人在人际交往中的虚伪。②

图1-6　《生活对我下手了》截图

---

① 赵玲．探析编导的画面思维［J］．现代交际，2010（12）：110.

② 葛高涵．身体、空间、互动：竖屏剧的影像叙事特点［J］．视听，2022（2）：66-67.

（三）提升时间感知

导演的视觉思维应该紧抓生活中的真实情感，使受众可以得到新的、不断流动的画面空间感知，从而影响受众的思维方式以及空间观念的变化。除了空间感知，时间感知也是视觉思维的一个重要因素，它是对客观时间现象的延续性反映。[①] 视听节目素材的来源除了人类生存的空间之外，还包含着人类生存的时间隧道。视听节目在时间观设计上的成功，可以让受众实现时间的穿越想象，对历史场景、历史人物、历史事件产生一种回味无穷的心理感受，从而影响人们世界观和价值观的形成与塑造。另外，视听节目中的时间节奏直接来源于人们现实的生活节奏，展示的是人物的心理和动作的变化。在创作中，应该运用节奏的不同变化，在内容上采用动态的艺术加工手段，有意拉长或缩短情节展示的速度和角度，造成受众的悬念之感，使之关注作品中人物的命运、情节的走向。

总之，对时空的把握，需要尊重受众对现实生活的感知。我们将那些能感染人的现实生活末梢加以提炼，在视听节目空间中进行艺术再造，让受众在视听节目时空里感知、对话、共鸣，这是视觉思维在创作中的重要价值，也是创作具有创新性的重要标志。

三 镜头表达

创作者对“画面”有一种特别敏锐的感觉，随便走到哪儿、站在什么地方，他的头脑中都会下意识地产生画面。也许这一幅画面远离你的生活，有些抽象，有些离奇，但是它绝对是一幅幅的构图，其实它们存在于你的心里，你的意识里、想象里、感觉里。

视听语言的表达最终要靠镜头来实现。所以一名导演要非常注意学习镜头语言，要学习摄影、学习构图、学习视听语言的语法结构，只有精通了这些，才能掌握导演的主动权。导演在执行创作的过程中，镜头怎么拍？机位放在哪里？选择什么角度？运用什么景别？采用什么运动方式？只有熟练掌握镜头语言，才会在导演过程中游刃有余，得心应手。

---

① 赵晓培．影视创作中的视觉思维表现［J］．大众文艺，2016（14）：198．

我们在刚学节目创作时常会听到类似“镜头感”之类的词语，大都不明白是什么意思，其实它就是一种感觉，一种不可捉摸的东西，虽然摸不着，却客观存在着。它在节目制作中极其重要，关系到一部影片叙事的流畅和情节的展开，关系到画面信息传递的准确性，关系到受众视觉的舒适度和观影情绪，关系到画面的审美感受，关系到影片的制作水平。从很多创作者的经历来看，如果将镜头感的培养寄托于后期长时间的积累，那么势必会浪费太多的创作时间，浪费更多的人力、物力和财力，这些浪费是没有必要的，也是不可取的。因此，对于每个刚步入影视行业的人来说，从一开始就养成培养自己镜头感的意识是极其重要的。镜头感也就是我们通常讲的镜头意识，如果说镜头感是创作者熟练掌握技巧后，对镜头运用的感觉，“人-机”达成的一种默契的话，那么镜头意识就是创作者在对自己所用的镜头非常熟悉的情况下所掌握的如何用镜头讲故事的规律，是对镜头语言敏锐的表达意识，也是对镜头画面摄录的控制意识。具体到摄影摄像，镜头感通常是指摄影师或是摄像师对于画面构图和运动的宏观把握能力，对于机位运动的掌控能力，等等。说某个人的作品镜头感好，也就是说他的作品在对构图、节奏、调度等的把握上做得很好。镜头感不是天生的，而是要经历很多理论学习和实践积累才会获得的一种能力。影视作品没有镜头意识，就好比一幅绘画作品没有了灵气，因此创作者要养成镜头意识，就必须了解什么是镜头、镜头叙事的特点、机位和场面调度等相关知识。

在新媒体视听节目中，Vlog 作品的镜头语言就很有特点。主观化的叙事模式决定了它的叙事策略和镜像机制。相比于传统节目的“高大上”，Vlog 的风格更加突出个性化和随意感，追求一种未经编排的真实感和朴素感，拍摄内容包含大量的自拍、独白和主观镜头。意大利导演莱奥纳尔多·达历山德里（Leonardo Dalessandri）在 2014 年旅行时拍摄的 Vlog 短片《土耳其瞭望塔》（见图 1－7），就是将 284 个镜头剪辑在 3 分半时长的短片中，最快的时候 1 秒钟内有七八个镜头闪过，这在传统影像叙事中是较为少见的。片子一经问世，就技惊四座。这部 Vlog 短片在几分钟内展现了真实的土耳其风光，全片没有旁白画外音，也没有严谨的故事结构，完全是在海量素材中选取部分素材所拼凑出来的一部短片，却兼备视觉效果与人文气息。导演只是运用自己所学的镜头语言去搭建了一个他眼中的土耳其，通过单纯的镜头组合，完成了具有动态节奏的主观叙事。自此之后，这种拍摄手法流行起来，掀起了一阵有节奏感又有仪式感的 Vlog 短片风潮。

图 1－7 《土耳其瞭望塔》截图

第三节 细节意识

《辞海》对“细节”的解释有两条。一是琐细的事情，无关紧要的行为。比如在《后汉书·班超》中就有这样的表达：“为人有大志，不修细节。”从这层含义来看，细节的分量还是比较轻的，有“无所谓”的意思。《辞海》对“细节”的另一条解释是：文艺作品中细腻地描绘人物性格、事件发展、社会环境和自然景物的最小组成单位。社会环境和人物性格的具体表现是由细节描写组成的。也就是说，细节在文艺作品中至关重要。但综观现在流行的影视作品，会发现细节力量越来越被削弱和淡化了，许多作品千篇一律、人物形象千人一面，只靠那些似曾相识的故事情节来取悦受众，吊观众的胃口，以致许多人看后“大呼上当”。也有人说：“中国的电视剧都差不多，缺少个性，更缺少精彩的细节。”

视听节目的细节要有真实性，而细节的真实与人们的生活经验息息相关。视听节目作为一个造梦机器，需要竭力满足受众心灵深处对于某些情愫的渴望或对于某一具体场景的向往，让受众能够融入并沉浸于此的前提便是令受众相信影像里的场景是真实的。而这种真实感的来源，往往是一个个具体而翔实的细节。

真正的艺术家都明白这样一个道理：故事好编，零件难找。这个“零件”说的就是细节描写。在新媒体视听节目创作中，导演可以通过细节描写将触角伸向视听艺术的角角落落。下面重点就场景细节、道具细节进行分析。

一　场景细节

在文学作品中，作者通常通过环境描写来渲染气氛；而在诉诸人的视听感官的视听艺术中，导演的手段则是场景设计、布景设计，巧妙设计布景既可以起到很好的暗示作用①，又能够产生很好的“蝴蝶效应”。

值得一提的是，场景能够赋予视听节目新的生命力。当一档新媒体视听节目为人们所熟悉和喜爱的时候，应该将线上的虚拟场景转化为线下的现实场景，如节目的拍摄场地，节目嘉宾生活、工作、旅行过的地方等。在节目播出之后进行现实场景的打造，让受众能够亲身体验到“屏幕中的虚拟场景成为现实的存在”，这对节目来说可以实现持续宣传的效果，最终使受众的黏性大大增强。例如腾讯视频携手宜家，对某综艺节目中的虚拟场景进行实体展示，设计了不同主题的场景空间，吸引了大批节目粉丝前往参观打卡，粉丝们还把自己的活动积极分享到微信、微博等社交平台，进一步提高了节目的影响力。

拓展阅读：几组常见的场景细节设置

二　道具细节

场景细节让作品充满视觉张力，而隐喻性的道具细节则能增强作品的穿透力。道具源于戏剧，是一个较为宽泛的概念，原本是戏剧演出中所用的家具、器皿以及其他一切用具的统称。无论是在传统戏曲还是在现代戏剧中，都有利用重要道具来推动剧情、展开叙事、刻画人物性格、塑造人物形象的作品，如《碧玉簪》《十五贯》《拾玉镯》《红灯记》等，这些作品都围绕着某一个核心道具来构建情节，作品的情节设置与发展、人物性格的刻画和人物形象的塑造

拓展阅读：从短片《镜子》看道具细节

① 李继峰，张冠文．影视作品中细节的魅力［J］．青年记者，2003（3）：40－41．

都与核心道具密不可分。

如前文所述，道具最基本的艺术功能就是帮助揭示剧中人物所处的空间特征和人物的行动特征。在实际应用中，道具如果运用得贴切，既符合生活逻辑，又具有审美提炼，那么道具细节就可以产生强烈的艺术效果；如果运用牵强失当，则可能会适得其反，具体的道具细节会成为一种概念化、程式化的符号，成为画蛇添足的设置，甚至伤害到叙事，不利于人物形象的塑造，并最终影响作品主题的表达。①

在新媒体视听节目的创作中，导演需要将各种视听元素充分调动起来，包括镜头、时空、场景等，还需要将受众的积极性、互动性充分挖掘出来，保持受众意识、画面思维、细节思维，赋予作品更多的有血有肉的感性意义，这样的视听节目才能让人耳目一新，才能打动人心，才能最终成为受众认可的品牌节目。

【扩展资源】

1. 丹西格．导演思维［M］．吉晓倩，译．修订版．北京：文化发展出版社，2019.

2. 刘仕杰．导演思维：让微剧本变得高级起来［M］．武汉：华中科技大学出版社，2019.

【思考与练习】

1. 新媒体视听节目导演如何培养“受众意识”？

2. 我们在对新媒体视听节目的受众进行数据分析时，需要采集哪些数据？请一一列出。

3. 以某个新媒体视听节目为例，分析节目导演的画面意识。

【实践项目】

项目任务：请仔细观看短片《镜子》，撰写一份导演手记。

① 高雄杰．试论影视作品中物件细节的叙事功能［J］．现代传播，2010（10）：75－78.

第二章

新媒体视听节目的类型与特征

【学习目标】

1. 了解新媒体视听节目的类型。
2. 熟悉不同类型新媒体视听节目的发展演变。
3. 掌握新媒体视听节目的特征。
4. 把握不同类型新媒体视听节目的发展趋势与创作规律。

第一节 新媒体视听节目的类型

依据不同的划分标准，新媒体视听节目有不同的类型。我们根据视听文本与行业现实的关系，将新媒体视听节目分为纪实类与虚构类，再综合市场各种因素，将新媒体视听节目分为网络剧、网络电影、网络纪录片、网络动画、网络节目、微电影和网络直播几大类。[①]

一 网络剧

网络剧是随着互联网而产生，以网络为播映平台的演剧形式。根据业界具体发展

① 唐崇维．网络视听节目的分类及特点研究［J］．传媒论坛，2020（24）：66－68.

状况，网络剧可以分为网络电视剧和网络广播剧。网络电视剧是指以网络作为平台播出的专门为网民定制的一类剧种，投资拍摄网络电视剧的主体包括专业机构和个人。[①]网络电视剧的内容大都改编自网络文学，也有少量的原创作品，制作成本一般较低，一集故事时长从几分钟到几十分钟不等，题材类型多样。网络广播剧实际上是一种从策划、制作到推广等各个环节都在网络上进行的广播剧新形式。网络广播剧的制作主体来源广泛，有广播剧爱好者或专业声优团体等。总体上说，网络广播剧市场正在兴起，作品的数量和质量都在不断提升。

值得注意的是，随着大量用户习惯于通过手机观看视频，网络微视频迎来了井喷式发展。从短视频的发展演变来看，随着 2014 年美拍的上线、微信“小视频”功能的推出，短视频以一种“社会的小玩意”的姿态开启了“玩具”阶段。此时，涌现出的短视频作品主要是具有名人效应的“冰桶挑战”，或是具有影响力的突发事件等。其中，以“陈翔六点半”“papi 酱”“戏精牡丹”等为代表的一批自媒体人，通过录制具有情节的表演作品创作出了短视频情景短剧。这些作品虽然不完全符合“剧”的概念，却表明这一阶段的短视频开始吸纳传统媒体的叙事内容和形式，其带给受众的感知体验是高度个性化的。从 2016 年起，活跃在淘宝、京东等购物网站上的卖家利用短视频展示产品特性，抖音、快手等媒体平台催生出大量草根创作者，短视频迎来创业浪潮。与此同时，新华社、《人民日报》等主流媒体全面挺进短视频主阵地。一时间，短视频的发展进入了“镜子”阶段，其也成为真实世界的镜像反映，呈现出内容凸显和技术消隐的特性。此时，感知经验明显成为社会的、大众的，因为媒体技术已经发展到可以成为现实的记录器的地步，从而使得“受众”这个实体开始发挥作用。在这一阶段，短视频情景喜剧开始大量涌现。2018 年，抖音推出情景喜剧《爆笑姐夫》，作品单集时长在 2 分钟之内，内容围绕家庭生活展开，剧情简洁明了，主题轻松愉悦。2019 年，快手推出的《这个男主有点冷》，正片播放量高达 9.2 亿次。2020 年，快手的《河神的新娘》单集吸粉数超过百万。2021 年，腾讯微视培育出分账超过 1 300 万元的《大唐小吃货》，抖音推出全网总播放量超过 7.5 亿次的《做梦吧！晶晶》等作品（见图 2 - 1）。这些以媒介技术为依托来记录现实的短视频作品，似乎没有能力完成向艺术阶段的飞跃。但是，对短视频提出剧情化要求，其实是向其提供了“超越现实并创造新的现实”的可能。因此，剧情化成为短视频从现实记录转向虚构艺术的关键，这是技术演变对

① 白杨．论我国网络剧的叙事形式［C］．郑州：河南大学，2014.

内容提出的要求。然而，由此衍生出的微视频好像无章可循，且尚未意识到其所面临的核心矛盾，这导致其精品化程度相对较低。[①]

图 2－1　《做梦吧！晶晶》海报

二　网络电影

从 2013 年开始，接近传统电影概念的网络大电影受到业界的关注。2014—2016 年，网络大电影发展迅猛，虽然其盈利能力不断增强，但内容格调普遍不高。2016 年以后，网络电影行业经历了洗牌，之后开始向院线电影靠拢，注重作品质量。发展至今，网络电影已经从过去的低成本、小制作模式发展为专业化、精品化模式。

网络电影是“以网络传播为主要媒介的叙事性动态视听艺术作品”[②]，具有入行门槛低、制作周期短和风险小等特点。网络电影在国内和国外有着不同的定义和发展，不仅是中国互联网出现的新产物，即便从全球视角来看也是一种新的艺术形式。2014 年以来，国内网络电影指的是只在网上推出而不在电影院放映的作品。国外的网络电影则是

① 尤达．短视频剧情化与网络剧迷你化［J］．中国电视，2022（3）：75－82．
② 陈宇．网络时代的自由表达：网络电影的美学特征及其价值意义［J］．当代电影，2011（10）：140．

在院线放映的同时或者放映之前，会在一些网络平台上上线。相比在电影院中盈利，国外的视频网站，比如奈飞，更看重的是平台付费用户的增长速度。2019 年，《婚姻故事》《爱尔兰人》《原钻》等高品质电影在影院广泛上映或有限上映仅一个月左右，就登陆了奈飞平台。同年，亚马逊为了提高其 Prime 会员的注册率，不仅取消了电影《热气球飞行家》原定的 IMAX 放映营销计划，还缩短了影院的放映时间，直接将电影在其流媒体平台播放。2020 年，因受新冠病毒感染疫情影响，迪士尼撤档的电影《阿特米斯的奇幻历险》直接在迪士尼＋（Disney＋）流媒体平台上推出。从奈飞对窗口期限制的突破，到亚马逊逐渐放弃对窗口期的坚持，再到迪士尼开始放弃部分电影的院线上映，可见网络播放的形式在国外开始发展起来，新的电影行业格局逐渐形成。国内的网络电影在各大视频平台出现之初，就已经展露出向纯网播方向发展的倾向，而平台与影视制作公司确立的新的分账模式，则进一步推动了影视制作公司给平台输送网络电影。2020 年 3 月，爱奇艺和腾讯视频投入 2 000 万元共同推出了网络电影《奇门遁甲》（见图 2－2），截至 2020 年 4 月 30 日，《奇门遁甲》的票房分账达 5 303 万元，成为当时网络电影分账票房冠军。

图 2－2 《奇门遁甲》海报

我国网络电影与国外网络电影虽然前期的发展路径有所不同，但整体来看，目前都是在高质量的纯网播轨道上前进。网络大电影与之前的网络微电影有所不同，时长在 60 分钟以上，有相对完整的故事，制作也较为独立和专业。随着网络大电影逐渐实现形式的正规化、内容的优质化，以及受众对网络观看内容的逐渐适应，网络大电影直接被统称为网络电影，已经从原来的新概念发展成为一种较成熟的艺术形式。

三　网络纪录片

网络纪录片是“适合新媒体制作和发行方式，专供新媒体平台（网页、手机、移动数字终端、触媒等）宣传和播出的纪录片样式”[①]。网络纪录片每集内容相对独立，大都不超过 10 分钟，制作题材广泛，叙事方式多样化，创作形式个性化。从播出现状来看，网络纪录片主要来源于网络平台购买国内外纪录片的播放版权和网络原创。从发展历程来看，网络纪录片从 2010 年开始起步。2015 年，一批优秀的网络纪录片引起了网民们的关注，网络纪录片由此得到大力发展。目前，网络纪录片已经向着规范化和类型化方向发展，涌现出了众多优秀的网络纪录片。《中国纪录片发展研究报告（2020）》的数据显示：2019 年，纪录片生产总值增量主要由新媒体和“国家队”贡献，其中各电视台全年生产总投入为 23.13 亿元，同比基本持平；新媒体总投入约 13 亿元，同比增长 18.82%。[②] 新媒体平台纪录片产能持续增高，甚至在生产体量上超过一线卫视，直逼专业的纪录片频道。可见，在互联网的强势赋能下，纪录片产业格局呈现出前所未有的变化，网络纪录片成为中国纪录片产业发展的重要一极。

纪录片的产业价值在媒体融合时代显然得到了重估，这突出地体现为在网络纪录片蓬勃发展的背景下，一批专注网络纪录片生产的新型制作机构开始崛起并渐成规模。市场对于网络纪录片的大量需求，一方面导致传统纪录片制作机构（原来制作的产品主要供电视台播出）加快了开拓新业务的步伐，另一方面也使一条、二更、知了青年等主要专注于网络微纪录片内容生产的民营制作机构获得了巨大的发展空间。这些新型的纪录片制作机构不仅成为网络纪录片重要的生产主体，同时也为纪录片产业链中微纪录片的发展、盈利模式的完善积累了较为丰富的经验。

---

① 纪君．当纪录片遇上互联网：浅析我国网络自制纪录片的发展现状与趋势［J］．当代电视，2017（8）：51－52.

② 张同道，胡智锋．中国纪录片发展研究报告（2020）［M］．北京：中国广播影视出版社，2020：13.

网络微纪录片具有制作个性风格突出、制作成本低、紧跟社会热点等特征。以二更为例，作为较有代表性的原创短视频内容生产主体，其作品多以“微纪录”的形式呈现，内容大多聚焦当下社会中的普通人，尤其是年轻人的生活经历和情感状态。在发展过程中，二更注重打造生产端的矩阵布局：自 2014 年 11 月诞生以来，逐步与全国多个城市的视频制作团队建立合作，形成专业生产内容（PGC）联盟的全国网状布局，由此实现向内容聚合平台的转型，并凭借“更山西”“更重庆”“更厦门”“更南京”“更长沙”等多个品牌构建了城市内容生态布局。此外，二更还开拓了“更日本”“更北美”等海外内容品牌。在作品传播方面，二更整合全媒体资源，采取包含微博、微信、今日头条、美拍等平台在内的全网覆盖策略，还同步在飞机、地铁、公交等线下流动交通工具上对作品进行投放。经过多年的发展，二更的品牌优势在短视频创作的竞争中日益凸显，其推出的《我们去结婚》《此食此客》《最后一班地铁》分别在优酷、爱奇艺和腾讯平台播出。一些传统的纪录片生产主体如上海纪实频道，也开始积极与其建立合作，二更的盈利模式逐渐成熟起来。除了二更，另一家专注于网络纪录片制作的民营机构知了青年则致力于生产与东方传统文化元素及传统生活方式相关的纪实内容。与二更的发展路径不同，知了青年首先关注推出产品而非先建立渠道。自 2015 年成立以来，知了青年成功将《了不起的匠人》《了不起的村落》等优质产品推向市场（见图 2-3），在这些产品奠定的基础之上，通过全媒体布局打造“了不起频道”，凭借“了不起”品牌的巨大影响力迅速完成多轮投资。

图 2-3 《了不起的匠人》海报

四 网络动画

网络动画是指根据互联网特点制作，以互联网为主要发行和传播渠道的动画作品。网络动画题材丰富，单集时间不长，多为单线叙事，一般以青少年为主要观看对象，内容上充满了想象力，画面上追求奇观式的视觉体验，滑稽、无厘头、搞笑是网络动画的常态。

中国动画自“万氏兄弟”时代至今，自身功能作用已经发生了改变，传播方式也变得多样化，不能被简单地划分为电视动画和影视动画了。自2002年起，在国家政策扶持下，伴随着互联网的发展、视频平台的出现，中国动画呈现出遍地开花的景象，网络动画成为新的崛起力量。2011年，时任腾讯副总裁的程武在中国动画电影发展高峰论坛上首次提出“泛娱乐”概念，一年后在UP2012腾讯游戏年度发布会上正式把“泛娱乐”上升到战略高度。从《中国动漫行业IP价值研究报告》中可以看出，以IP为轴心，文学、动画、游戏三大板块形成了聚合，中国动漫行业开始迈向IP时代。从互联网时代到IP时代，中国动漫行业已发展成为“全产业链”运营，网络动画成为产业链核心部分，覆盖人群向成人和青少年两极发展。

目前，网络动画作品的数量日益增多，具有类型丰富的特点。关于网络动画的分类，不同网络动画网站在类型细分上也存在明显不同，比如有的网站会按照作品的主题，将其分为情感、战争、推理等不同类型；有的网站则根据作品的风格，将其分为校园、悬疑、穿越、魔幻等类型。网络动画受到互联网属性的限制，具有时间短、叙事快的特点。一般情况下，网络动画每集的时长都不会超过6分钟，并且每一集都会集中表现一个故事。网络动画与传统动画具有较大不同，在画面方面引入了更多的视觉元素，并在其中添加了更多的时尚元素和一些独特的设计，这使得网络动画中的人物形象更加丰满，增强了画面感。

哔哩哔哩视频弹幕网站（bilibili）上的国产动画《那年那兔那些事儿》（下文简称《那兔》）是一部通过虚构故事演绎中国近代史的系列动画，用卡通角色演绎近代历史，讲述“兔子”（中国）对抗“鹰酱”（美国），最终带领种花家（“中华家”的谐音）崛起的故事（见图2-4）。《那兔》的故事涉及军事、历史、政治方面的背景知识，以及漫画版《那兔》迷早已耳熟能详的桥段，为大部分普通观众构筑了一道具有封闭性的“次元壁”。不过，《那兔》弹幕却呈现出某种程度的开放性，它通过对元叙事的阐释与补充，邀请观众进入语境并成为观看群体的一部分。学者林品认为，《那兔》实现了ACG[①]文化与民族主义的接合，主角兔子既是人格化的中国，又象征着在每条战线上战斗的一个个中国人，“通过这种双重的拟人化手法，作为个人主体的‘我’与作为国家主体的‘我兔’，经由直观的视觉形象建立了直接的身份同一性”[②]。

图 2-4 《那年那兔那些事儿》海报

五 网络节目

网络节目是由视频网站或者媒体机构以专业化方式生产，在网络平台播出的视听节目。具体来说，网络节目可分为新闻短视频、网络综艺节目、网络科教人文节目和网络音频节目。新闻短视频在内容生产上具有简短化和叙事性强的特征，迎合了当前传播移动化、信息社交化的媒体发展潮流。网络综艺节目具有形式灵活、易操作等特点，成为众多视频网站主打的节目类型。网络科教人文节目多为用户生产，包括教学、科普等方面的内容。网络音频节目是指以互联网为传播介质的音频内容，具有多样性、分众化和互动性等特征。

网络节目发展到一定阶段时，出现了一种固定网站播出、固定节目时长、固定主

① 动画、漫画、游戏的总称。

② 林品．青年亚文化与官方意识形态的“双向破壁”：“二次元民族主义”的兴起［J］．探索与争鸣，2016(2)：69-72.

持人等电视栏目化特征明显的视频栏目，此类栏目由网络平台原创，不在传统电视台播出，例如搜狐网在2007年1月开播的自制网络综艺娱乐节目《大鹏嘚吧嘚》、人民网人民电视频道于2009年年底推出的原创新闻评论栏目《小六砖头铺》、腾讯网在2011年7月推出的原创纪实专题栏目《记录》等。2012年伦敦奥运会期间，凤凰新媒体奥运原创节目《锵锵五环行》和《伦敦下午茶》同步在河南卫视、深圳卫视及CUTV（城市联合网络电视台）旗下十余家成员台的黄金时段落地播出，这是网络视频行业首次实现网络直播节目在地方卫视同步落地，标志着视频网站进入返销时代。视频栏目不断出现和日渐增多，甚至进入电视台的发展趋势，显示出网络节目作为一种新媒体视听节目形态已渐趋成熟。

“高质量+原创”是2020年中国网络节目的一大特征。一大批极具创新性和高制作水准的网络节目深深吸引了观众，这些节目在彰显文化价值、表达人文情感、传递正能量等方面有其独到的核心竞争力。该年度女性选秀节目火爆、“云综艺”不断出圈，都为中国网络节目的发展持续助力。女性选秀节目展现了现代女性的独立自主、勇敢自信，鼓励社会对女性的多元化审美，收获了大量观众的关注和认可；“云综艺”则打破了网络平台与电视台之间的壁垒，这一类网络节目的发展值得期待。

2021年，由爱奇艺、米未传媒联合出品制作的网络综艺节目《一年一度喜剧大赛》（见图2-5），将创作创新置于演员之上，改变了以往喜剧的成功取决于演员影响力的生态圈，让编剧直接介绍作品创意，从幕后走到了台前，极具新鲜感，让人们在笑声中获得启发。此外，作为一个推新大赛，参加该节目的选手基本都是生面孔，在最初的25组喜剧演员中，有默默无闻的“默剧之光”，有跨界选手，还有“快要揭不开锅”的十八线演员……该节目让喜剧新人走进大众视野，并从中选拔出创作能力、协作能力、表演能力最突出的团队，充满了青春活力，成为一个发现和培养新生代喜剧演员的节目。

图2-5 《一年一度喜剧大赛》海报

六 微电影

微电影是一种虚拟类影像叙事作品，风格偏向“草根叙事”，时长较短，一般在30分钟之内，包括广告微电影、明星微电影、游戏微电影等。

2000—2008年是新媒体行业初露端倪的时期，也是网络微电影的萌芽时期。这个时期的微电影作品制作粗糙，镜头拼接较多，内容多以恶搞为主。2005年，短片《一个馒头引发的血案》掀起了网络热潮，成为我国第一部引发全民热议的互联网短视频。作者胡戈将电影《无极》和电视节目《中国法治报道》巧妙地混合、重组，剪辑到一起，意在解构和颠覆，使得搞怪的风格深入人心。这部短片可以看作网络微电影的雏形。

2010年，由吴彦祖主演的《一触即发》在各大视频网站的人气指数居高不下，赚足了大众眼球。国内将这种新潮的影像形式命名为微电影。微电影是在互联网时代背景下从传统影像中发展分化而来的一种新艺术形态，这意味着微电影与传统影像艺术有着不可分割的联系。微电影在一定程度上继承和沿袭了传统影像的创作手法，也是通过影像传情达意，基本具备了电影的所有要素。微电影不同于传统电影之处在于其依托新媒体平台，不但时长较短、成本较低、传播方式多样，而且表现内容个性化、叙事风格碎片化，带有新媒体时代的诸多印记。微电影虽然是网络时代的产物，但是同传统影像一样有其独立的艺术价值，它可以在较短的时间内，使各种各样的信息和资源融会贯通，将剧情推向高潮，瞬间抓住观众的眼球，引起情感共鸣，并且激发观众反观自身，从而体现影片价值。

除此之外，微电影在网络技术的推动下逐渐具有了更强的互动性。传统电影的投放地点比较固定，一般以影院作为主要的发行场所，辅之以电视、DVD等。受播放场所的限制，传统电影辐射到的观众相对较少，而且想要在这些场所实现与观众的互动几乎不太可能。微电影则不同，微电影一般在网络平台播出，观众在观看微电影时，可以随时随地发表自己的想法和评论，这有利于创作者及时知晓大众的意见，以便积累经验。微电影的互动性、双向性，赋予了大众极大的选择权，观众可以根据自己的时间、地点选择任何一个网络平台去观看微电影，可以使用网页播放，也可以使用手机等移动设备的视频播放类App。网络平台的出现以及“微内容”创作和传播的双重繁荣，改变了新媒体的内容生态环境。优酷、爱奇艺等视频网站的崛起，用户生产内容（UGC）的繁盛，社会专业制作力量的加入，让“微电影”裹挟着快捷便利的“微时间”，成为大众文化消费的新宠。从这个意义上讲，是网络平台和短时间造就了“微电影”，使之成为一种当之无愧的新媒体视听节目形态。

我国微电影从面世伊始就呈现出两路人马齐头并进的态势，一路是草根大众，另一路是电影（文化）名人。草根微电影常常着眼于草根阶层的悲欢离愁，表现底层民众生活的酸甜苦辣，以碎片化的叙事手段描述着现实生活的平凡。草根微电影的素材取之于普通阶层，那里生活味浓郁，点点滴滴中均流动着人情冷暖。创作者将社会中的各式人物搬到了屏幕上，通过个性化手法组成了一卷展现世俗百态的现代艺术万花筒，表现出人性中特有的温情和感动。草根微电影也因贴近生活受到了更多观众的青睐。电影（文化）名人创作的微电影技术手法更为纯熟，或关注现实，或展示生活体悟，或表达人类情怀与对小人物的人文关怀。如 2018 年由香港导演陈可辛指导、全程使用 iPhone X 拍摄的贺岁短片《三分钟》（见图 2－6），讲述了一位当列车员的母亲过年期间在列车上值班，无法与孩子团聚，仅凭列车靠站的三分钟与儿子相聚的故事。该片将短暂团圆和职业特性浓缩在了短短的三分钟里，用屏幕上方的三分钟倒计时和孩子背诵乘法口诀的声音碰撞出一种紧凑感，激发了观众对故事主人公职业和亲情之间矛盾冲突的认知和理解。出发与抵达，离别与流连，都浓缩在这短短的三分钟里；热闹与清寂，小我与大爱，也印刻在这短短的三分钟里。远行游子对回家的热望与期盼，春运服务者的坚守与奉献，在火车与站台的连接中，辉映出别样的图景。站台相聚的这三分钟，以散文诗般的笔触，抒写了国人的家国情怀。

图 2－6　《三分钟》海报

七 网络直播

网络直播是基于移动互联网技术，以人人都可实时参与内容生产为主要特征的一种传播方式，是一种全新的新媒体视听节目类型。网络直播几乎没有门槛，人人可以随时随地进行生产和传播。网络直播内容最开始以游戏竞技解说为主，后来逐渐扩展到才艺表演、美妆、美食等各个社会领域。网络直播以其交互的便利性和现场感强的优势，改变了人们的社会交往和信息消费方式，并对社会的很多领域产生了较大的影响。网络直播虽然具有其他节目无法比拟的优势，但同时也一直存在着内容低俗、违法侵权、恶性竞争等问题。

2016 年被称作中国网络直播元年。根据中国互联网络信息中心（CNNIC）发布的第 51 次《中国互联网络发展状况统计报告》，截至 2022 年 12 月，我国网络直播用户规模达 75 065 万，较 2021 年 12 月增长了 4 728 万，占网民总数的 70.3%（见图 2-7）。

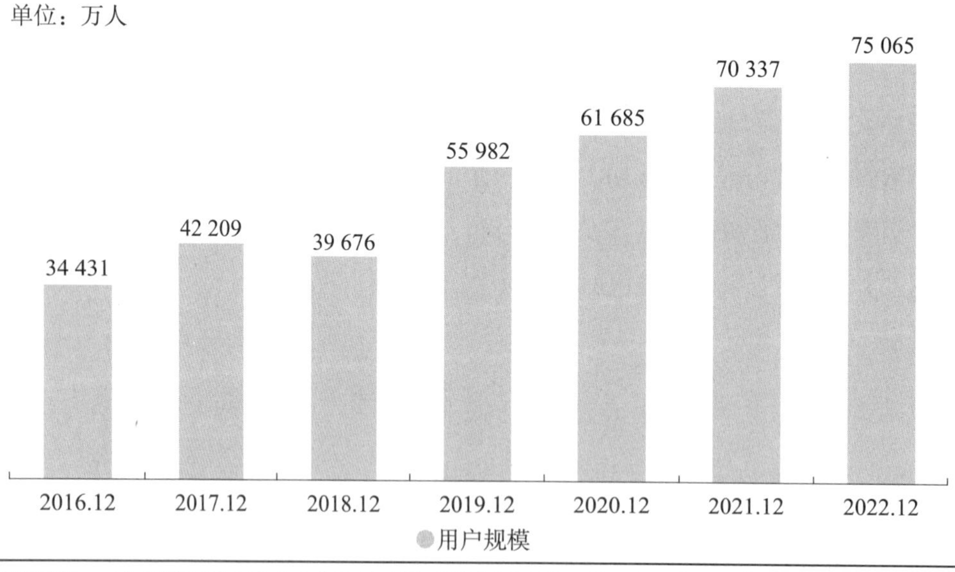

资料来源：中国互联网络信息中心.第51次中国互联网络发展状况统计报告[EB/OL].（2023-03-02）[2023-04-01].https://www.cnnic.net.cn/NMediaFile/2023/0322/MAIN16794576367190GBA2HA1KQ.pdf.

图 2-7 2016 年至 2022 年网络直播用户规模及使用率变化趋势

其中，电商直播用户规模为 5.15 亿，较 2021 年 12 月增长了 5 105 万，占网民总数的 48.2%；游戏直播的用户规模为 2.66 亿，较 2021 年 12 月减少 3 576 万，占网民总数的 24.9%；体育直播的用户规模为 3.73 亿，较 2021 年 12 月增长了8 955 万，占网民总数的 35.0%；真人秀直播的用户规模为 1.87 亿，较 2021 年 12 月减少 699 万，占网民总数的 17.5%；演唱会直播的用户规模为 2.07 亿，较 2021 年 12 月增长了 6 491 万，占网民总数的 19.4%。

电商直播和体育直播是网络直播行业中发展较为突出的两大业态。电商直播领域，其发展变化主要集中在直播主体、商品来源和运营规范三个方面。具体而言：一是主体多元化。随着电商直播的火热发展，越来越多的中小商户将自建直播渠道作为重点。数据显示，在淘宝直播近 1 000 个成交额过亿元的直播间中，商家直播间数量占比超过 55%，高于明星主播的直播间数量；快手 2021 年第二季度绝大部分电商交易额均来自私域流量。二是商品本土化。电商直播对本土商户产品宣传方面的积极影响逐渐得到良好体现。从老字号品牌到地方特色农产品商户，都有通过电商直播渠道获得良好营销效果的案例。数据显示，2021 年“双 11”期间超过 180 家老字号商家开启直播，多个老字号直播间成交额突破百万元。此外，中央电视台联合拼多多在“双 11”期间开设大型直播带货专场，大力推介优质国货和农产品品牌。三是运营规范化。《关于加强网络直播规范管理工作的指导意见》《网络直播营销管理办法（试行）》等相关政策陆续推出，随着这些规章制度的实施，电商直播监管体系逐渐得到完善，消费者权益保护力度进一步提升。

体育直播领域，新冠病毒感染疫情对赛事的负面影响逐渐减弱，体育直播模式升级不断提升用户观赛体验，赛事回暖也让版权交易重回正轨。随着全球各地体育赛事的陆续恢复，相关企业也重新展开对重要体育赛事的直播版权的竞争。在东京奥运会、北京冬奥会等赛事的直播中，网络直播的成长速度和发展规模都是不容忽视的。

网络直播 PC 端的出现使直播成为低门槛、高参与度的信息传播方式，人们只需要一台电脑和一个账号即可畅享直播的乐趣；而作为移动互联网和网络直播技术结合的产物，移动直播的出现更是为网络直播带来革命性的改变，自此网络直播门槛进一步降低，用户只需要一台智能手机和稳定的网络环境，就能够随时随地直播各类场景。全民直播时代已经到来，IP、粉丝、流量等让很多投资者兴奋不已，纷纷试水网络直播。伴随行业发展驶入快车道，诸多隐患也逐渐暴露出来了。运营模式单一、行业数据造假、内容低俗等成为束缚网络直播平台发展的主要因素。部分直播平台先后在激烈的竞争中通过建立多元盈利模式、净化直播环境等途径获得转型，而另一部分直播平台最终因难以适应波谲云诡的市场变化和不断升级的用户需求而被迅速淘汰。优胜劣汰是网络直播行业走向成熟的必经之路。

第二节 新媒体视听节目的特征

尼古拉·尼葛洛庞帝在《数字化生存》一书中写道："作为电信的范式，'无论何事、无论何时、无论何地'的口号已经陈腐不堪，但使用它来思考电视的新境界，却很不错。"[①] 如今随着新媒体视听技术的发展，尼葛洛庞帝所说的这个"电视的新境界"正在成为现实。由于新的播出平台的特性要求、新技术的应用、传播理念的变化等因素，新媒体视听节目形态的创新与演变，逐渐显现出一些基本的特征。

一 新的内容形式

新媒体视听节目的形态多种多样，既可以按其播出平台分为网络节目、IPTV（交互式网络电视）与互动电视内容、手机电视节目等，也可以按其内容分为公民视频新闻、微电影、新媒体剧、富媒体广告、电子游戏等。但无论按照什么标准进行分类，新媒体视听节目都应是"传统广播电视媒体平台上没有的节目"。因此，新媒体视听节目形态应该具备不同于传统广播电视节目的新的表现形式，这是新媒体视听节目形态质的规定性。具体到每种节目类型来说，微电影、新媒体剧、手机电视节目等可以归为"微视频"，其突出特点是单个节目时间短，适合受众利用碎片化时间观看；网络节目、公民视频新闻等新媒体视听节目形态的突出表现是制作较传统电视节目略显粗糙，甚至不够专业，在音乐、字幕运用方面与传统电视节目有较为明显的差别；IPTV 与互动电视内容，在"人机互动""人际互动"及通信服务功能拓展上大大丰富和超越了传统电视节目；富媒体广告和电子游戏，则从根本上超出了传统电视节目的范畴，从节目形态到技术应用都是对传统电视节目全新的、互动的创新与演进。[②]

整体而言，新媒体视听节目的形态具有灵活性的特征，表现在节目时长、节目风格、节目内容和节目来源等方面。传统广播电视节目受到播出时间限制，时长一般固定，而新媒体视听节目时长则可以根据话题内容时长灵活调整。此外，新媒体视听节

① 尼葛洛庞帝．数字化生存［M］．胡泳，范海燕，译．海口：海南出版社，1997：203.
② 高红波．视听新媒体节目的类型与特征［J］．编辑之友，2013（9）：80－83.

目的风格总体趋向活泼，节目内容往往根据社会热点实时调整。新媒体视听节目来源的灵活性主要表现在以前不涉及视听业务的媒体机构积极介入视听内容生产，比如主要的视频网站积极进行原创、个性化内容的生产，而网络用户也成为新媒体视听节目内容的重要来源，这都使得新媒体视听节目非常具有活力。

值得注意的是，新媒体视听节目还不断与农产品上行、文旅产业深度融合，激发经济活力。一是新媒体视听节目助力农产品销售。源头农户、商家通过短视频、直播来宣传和推介优质农产品，为农产品打开销路。2021 年 1 月—10 月，快手有超过 4.2 亿个农产品订单经由直播电商发往全国各地，农产品的销售额和订单量和 2020 年同期相比，分别增长了 88%和 99%。此外，短视频平台还为农民和乡村创业者提供专业培训，保障农产品短视频、直播销售模式的可持续发展。二是新媒体视听节目激发了文旅产业活力。在文化产业层面，短视频平台通过加强流量扶持、提高变现能力、打造开放平台和开展城市合作等方式，培养挖掘年青一代对非物质文化遗产的了解和好奇心，帮助发掘非物质文化遗产的文化和市场价值。在旅游业层面，短视频平台不断加强与旅游城市的合作，吸引文旅项目、旅游景点入驻宣传，助力城市形象传播和推广，带动旅游业的发展。

二 新的播出平台

新的播出平台，决定了新媒体视听节目形态的相应变化。以手机电视节目为例，移动互联网把手机从单纯的移动通话工具转变为具有上网功能的移动视听多媒体，将手机上网、手机看电视、手机读报等功能集于一身。

由于这种“带着体温”的第五媒体有便携性、随身性、实时性、直接消费性等传播属性，智能手机实现了快速的数量增长和普及。相应地，手机电视也得到了快速发展，成为跨屏传播时代传统电视随时随地的“补偿性媒体”。但是，由于手机电视的使用环境多是室外或者嘈杂的车站码头等公共场所，因此手机电视的节目内容和形态需要在传统电视节目基础上做出调整，以适应受众接收环境发生的变化。比如，手机电视移动收视的传播特性决定了单个手机电视节目的时长应该缩短，大篇幅、长时段的传统影视剧不适宜在手机上播出。目前国内外惯常使用的方法是抽取传统影视剧作品中的精华段落，将其改编制作成 5 分钟以内的手机短视频系列节目进行点播。

又如，手机屏与电视屏相比较小，这就决定了传统电视节目中普遍使用的字号较小的屏幕文字不适用于手机电视。不仅如此，专为手机电视编辑制作的各类节目，也应多为手机电视受众考虑，尽量多用特写和近景，少用远景和大远景，以方便受众在手机屏上观赏。可见，智能手机的传播特性决定了作为新媒体视听节目形态之一的手机电视节目与传统电视节目形态的差异。不同播出平台对视频节目的不同要求，引导着新媒体视听节目形态创新和演进的方向。

三 新的技术支持

新媒体视听是媒体技术与信息技术发展相结合的产物，并随着各类相关技术的交叉与融合而不断完善。当前，媒体技术和信息技术整体呈现出数字化、网络化、融合化的发展态势，其中云计算、大数据、虚拟现实等成为这个时代的技术亮点，这些技术变革不断推动着媒体形态的创新，推动着传统媒体与新媒体的融合发展。

（一）云计算助力节目制作转型升级

云计算技术给新媒体视听节目制作带来了革新。一是处理视频来源，包括收集视频材料、输入媒体数据、接入电视直播信号、统一管理本地视频数据等。二是视频多格式转换，可基于云代码转换平台记录和编码多格式程序。三是大容量存储与传输。随着 5G 等技术兴起，硬件的存储容量和文件的传输速度也将大幅度提升。四是视频素材处理。主要是通过技术手段自动处理和编辑所捕获的视频，实现自动素材条带化处理，字幕、标签、画面风格、音频节奏的自动检测和记录。五是三屏（电视、电脑、手机）断点续播应用。视听内容多终端断点延续意味着用户可以随时停止观看视频或播放音乐，而再次打开它时可以继续从上次停止的地方观看。

云计算对新媒体视听节目后期制作的影响主要体现在后期渲染方面。传统的视频渲染技术依赖于计算机集群的物理机器。物理机器受施工个体、具体硬件的限制，处理视频素材的效率无法紧随当下最新的技术。基于云计算的“云渲染”作为一种新的分布式渲染技术应用模式，已成为后续视频渲染技术的基础。

从云计算技术对视听媒体的作用机制来看，视听媒体“一云多屏”的“云媒体传播”现象越来越受到关注。在我国媒体深度融合的新一轮传媒业改革中，“中央厨房”建设与云计算技术的应用与创新密不可分。云计算为视听媒体平台的战略转型与进化提供了可能，奠定了基础。

（二）大数据精准测量视听传播效果

数字化让音视频文件与文字、图片等信息以同样的方式储存，助力视频走进大数据时代。由于“跨屏传播”成为现实，原本评估视听媒体价值的“通用货币”收视率和阅读量的准确性受到了前所未有的挑战，大数据为视听媒体收视效果的价值重估提供了新的契机。大数据时代的视听媒体可以抓取用户数据，全面掌握用户的媒体接触行为，助力完成对受众个性化的内容定制、个性化服务、全样本的市场评估，实现精准营销传播。

当前，视听媒体正在进行一场关于大数据的思维变革，通过受众的多维度行为数据构建受众行为模型，以发现并满足受众潜在需求。视听节目收视率大数据可体现受众在时间、空间等维度上的行为，加大用户数据粒度，确定每秒收视行为，再整理受众数据，可形成更有效的市场评估体系。大数据技术不仅可以为影视制作公司、数据公司、播出平台等视听行业相关产业的通力合作提供便利，提升数据挖掘的能力和价值，还可以为视听媒体之间的多元化竞争提供服务。在传统收视率已无法显现日益精细的视频受众分流的情况下，大数据技术为受众多元化收视终端提供了一个全新的解决方案。在传统收视率基础上，多屏收视率突破了单一的电视收视调查指标，融合了网络点击量、网络搜索量、网络转发量和吸引度等；发展了以计算机计算方式为主的大数据调查技术，相较传统的人为统计具有更精确的数据信息；形成了多机构的全媒体收视调查体系，保证了收视率调查结果的公正性。在直播、回看等多种时移收视、网络终端收视的环境下，多屏收视率是向“收视率＋”行进的一条路径，受众在PC端、移动端的直播或时移收视指标在很大程度上保证了视频节目分析评估的全面性、精确性。

（三）虚拟现实强化视听节目具身传播

虚拟现实视频以高度的想象力、即时的交互性、强烈的沉迷度三大特点著称。从虚拟现实的特质出发，其引发的视觉革命在受众体验、终端形态、创作方式三个方面深刻地影响着视频产业的发展，并逐渐塑造着受众的习惯。首先，受众沉浸式多感官体验升级。虚拟现实设备会给受众提供一种360度的全景视角，阻隔受众与现实的联系，再通过空间叙事层次、叙事场景和感官肢体互动，形成具有强烈代入感的情境，让受众获得沉浸式的体验。虚拟现实虽然阻隔了受众与现实的联系，但又通过“再造”的现实让受众认为虚拟情境就像真实的客观存在一样。这种虚拟的真实性不仅在于视频内容，还在于调动了受众的多种感官，让受众的外在感知系统和内在神经系统真正融入视频当中，形成沉浸式视觉感受。虚拟现实技术所塑造出来的这种全新影像及视听语言，能够为受众带来更为真实而强烈的感官刺激，提升消费体验，这使得其在文化娱乐产业有着极佳的应用效果。其次，高新技术赋能终端设备。近年来，虚拟现实设备积极提升感知交互技术，实现多通道交互，以提升用户各感官通道的一致性与沉浸体验，如眼球追踪、浸入式声场、触觉反馈等。在虚拟现实终端设备的发展过程中，值得特别关注的是5G这一高新技术的赋能。2019年3月，华为副董事长胡厚崑在“Post MWC19 思享汇—智联万物”论坛上发言说：“5G将是引爆VR需求的推手。”他指出，当虚拟现实终端设备的时延超过20毫秒时，用户就无法忍受眩晕感了。5G网络会把时延降至15毫秒，而15毫秒意味着可以把互动性应用的眩晕感完全消除掉。这说明，5G能从技术上更好地满足虚拟现实业务沉浸体验的更高需求。最后，内容制作实现交互性。虚拟现实技术被应用在影视制作中后，可以以其高度的想象力构建出一个可与影视场景交互的虚幻三维空间场景，并通过对受众的头、眼、手等部位动作的互动设计，让受众自行进入故事情境，继而形成人景互动的沉浸式体验。可以说，虚拟现实技术的视觉沉浸感与交互性，为内容生产的“采、编、播”方面注入了创新元素。①

四 新的互动参与

新媒体视听节目的繁荣，很大程度上得益于其交互性特征。首先，节目的交互性具有普遍性。新媒体视听节目的创作者通过开辟各种互动渠道，实现与受众的互动，同时在与受众的互动中即时收集受众的反馈意见，改进内容生产。其次，交互方式的多元性。各种互动方式的使用，极大地便利了受众参与到节目中。受众不仅可以在观看节目时对节目进行即时的评论，还可以把节目内容转载到微博、微信朋友圈等社交平台上，实现分享，与其他受众共同交流，吸引更多的人参与到互动之中。

马克·波斯特把互联网主导的“双向的去中心化的交流”称为“第二媒体时代”，以此来区分由电视主导的“播放型传播模式”。这种划分，意在强调新媒体的互动性、参与性等传播特性。在这种思路的启发下，我们也可以从受众角度把视频内容的传播

① 高红波．新技术应用对视听媒介进化的现实影响与理论思考［J］．视听理论与实践，2021（3）：49－58.

划分为受众接收型传播和受众参与型传播。在受众接收型传播中，受众是被动的，主要是接收电视单向传播的内容；而在受众参与型传播中，受众是主动的，除了接收信息外，还可以搜索信息，甚至为其他人上传自己制作的内容。这种互联网的双向互动传播特性给受众的互动参与带来极大的便利，双向化和互动性成为新媒体视听节目不同于传统电视节目的鲜明特征。

比如，公民视频新闻这种受众自己采制的视频内容信息，通过受众的主动参与和上传分享，逐渐形成了一种不同于电视播出新闻的“非专业化”特征明显的新媒体视听节目形态，是公民自制的参与式“草根报道”。又如，IPTV 与互动电视内容，通过在电视机终端植入部分互联网互动功能，打造新型“虚拟社区”，使受众之间可以实现视频通话、卡拉 OK、私信、留言等，甚至通过与银行合作提供在家里就能直接享受的电视购物、电子支付等服务，大大拓展了“人机互动”的空间和范围，部分实现了通过电视终端的“人人互动”。此外，像电子游戏类节目的沉浸式体验和角色扮演的功能，也都充分体现了新媒体视听节目在受众互动参与方面的优势。

新媒体视听节目既继承了传统视听节目的特点，也在不断适应网络市场变化快、生命周期短的新型传播环境。而我们对新媒体视听节目的分类是相对的，很难囊括全部已经存在或正在产生的节目类型。新媒体视听节目处于一个动态的发展中，每隔一段时间就能产生一种新的节目类型或一种新的模式，这也是新媒体视听节目能够保持活力的动力因素。视听新媒体的地位和作用，不取决于产业收入的规模，而取决于主流价值观传播的能力与效果。这就要求其内容策划要加快从技术思维到产品思维、从用户思维再到价值思维的升级，突破“眼球模式”“噱头模式”“低俗模式”和“有趣模式”，实现从“有意思”向“有意义”、从唯娱乐向价值弘扬的跨越，真正成为时代的新媒体、人民的新媒体。下章我们将从内容策划角度为不同类型新媒体视听节目的制作提供参考建议。

【扩展资源】

1. 李宇宁 . 微电影导演创作实录与教程［M］. 北京：清华大学出版社，2017.
2. 段蕾 . 新媒体语境下微纪录片创作研究［M］. 北京：新华出版社，2021.

【思考与练习】

1. 根据你对行业的了解，新媒体视听节目有哪些类型？你对哪个类型感兴趣，有怎样的实践计划？

2. 在融媒体环境下，新媒体视听节目呈现出了哪些新特征？有何种发展趋势？

3. 针对自己感兴趣的新媒体视听节目类型进行现状研究，并观看相关优秀作品。

【实践项目】

在网络剧、网络电影、网络纪录片、网络动画、网络节目、微电影和网络直播中任选其一，观看代表性作品，写一篇评论。

可参考下表形式对实践项目进行考核评价。

实践项目考核评价表

任务	新媒体视听节目评论		
创作方式	个人完成	姓名	
完成时间			
具体步骤	1. 确定节目类型，观看代表性作品，列出思维导图 2. 撰写评论 从节目内容、节目框架、节目特征等角度进行科学分析总结 3. 课堂 PPT 展示，回答师生提问		
成果表现形式	节目评论（不少于 1 000 字）		
实践小结			
自我评价 （满分 30 分）	1. 实践态度（10 分） 2. 解决现实问题的能力（20 分）	评分	
学生互评 （满分 30 分）	1. 协调能力、组织能力评价（15 分） 2. 实践小结完成度（15 分）	评分	
指导老师评语与评价 （满分 40 分）	总分：		

第三章

新媒体视听节目的“策划之道”

【学习目标】

1. 了解新媒体视听节目的选题来源。
2. 熟悉新媒体视听节目的策划流程。
3. 掌握新媒体视听节目的策划思路。
4. 把握不同类型新媒体视听节目的策划技巧。

第一节 网络纪录片策划

与传统纪录片类似，网络纪录片根据题材可分为人文地理纪录片、宣传纪录片、传记纪录片、生活纪录片、时事纪录片、政论纪录片、历史纪录片等。根据网络纪录片的新媒体特性，我们又可以将网络纪录片分为常规网络纪录片与网络微纪录片两种。常规网络纪录片与我们熟知的传统纪录片并无实质性区别，而网络微纪录片的创作模式具有短小凝练、主题统一和视角低平等特点，是传统纪实影像艺术在新媒体环境下的拓展。

一 常规网络纪录片选题策划

在新媒体中，常规网络纪录片主要有主流与边缘两类。主流与边缘是两个相对的概念，并非两个对立、矛盾的概念。边缘是相对主流而言的，集中表现为“被忽略”。它在经济层面呈现为“原始、落后、欠发达”；在文化层面呈现为“少数、异类、隐匿”；在历史层面呈现为“消逝、缅怀、遗憾”。从人类学层面来看，边缘就是我们人类在某阶段的生存状态。边缘题材的选取，实际上会对观众产生一种相对的“惊奇感”“陌生感”。德国著名哲学家黑格尔在《美学》中是这样阐释艺术欣赏的“惊奇感”的：“艺术观照、宗教观照（毋宁说是二者的统一）乃至于科学研究一般都起源于惊奇感。”① 人类对客观世界的认知，对客观世界的艺术再造都源于这种“惊奇感”，通过“惊奇感”给予“陌生化”，通过“陌生化”产生“再认知”。纪录片创作亦是如此。纪录片创作者天生与边缘题材有着一份不解之“缘”，这里所论述的“边缘”，更多是指“被忽略”。被忽略的陌生化符号成为纪录片创作者乐于表现的对象。客观世界存在“熟知”世界与“非熟知”世界，纪录片创作者就是在这两种世界中寻找“边缘”，肩负一定的历史使命感与社会责任感，寻找被人们忽略的那些“角落”，呼唤关注，期待改变。

（一）向边缘地域找选题

边缘地域属空间概念，纪录片拍摄之所以选择边缘地域，是因为其陌生、神秘、神奇的地域环境总会给人一种“惊奇感”。这些边缘地域或拥有独特的自然风光，或拥有独特的生活习惯、生活态度、思维模式、文化心理。近年来，纪录片对边缘地域纪实题材的挖掘从未停歇。从《美国国家地理》2007 年发行的《北极故事》到中央电视台 2016 年制作的《北极，北极!》，这些以地球北极这一边缘地域为题材的纪录片既展现了北极地区神奇瑰丽的自然风貌，又揭示出全球变暖的现状，引发了人们对自身行为的深刻思考。从英国广播公司（BBC）2001 年制作的《蓝色星球 1》到 2017 年制作的《蓝色星球 2》，摄制组所进行的水下拍摄长达上万小时，只为记录那些游弋在水底的美丽精灵，丰富我们对海底世界的认知，培养人们对自然的理解与尊重。在国内，新疆、西藏、云南等地号称纪实题材作品的“高产地”，究其原因，也是其独特神秘的民俗与自然风光使然。中央电视台制作的《扎溪卡的微笑》（2013 年）讲述了在海拔 4 300 多米的青藏高原扎溪卡地区，人们帮助唇腭裂儿童的故事；大型西藏人文纪录片《极地》（2017 年）用诗意且朴实的画面呈现了西藏极端环境下普通居民的生存智慧；纪录片

① 黑格尔．美学：第 2 卷［M］．朱光潜，译．北京：商务印书馆，1979：22.

《新疆是个好地方》(2015 年)、《这里是新疆》(2015 年)、《新疆味道》(2016 年) 以及近年制作的“丝路”题材系列纪录片多取材新疆，鲜活细腻、客观真实地揭开了新疆的神秘面纱。2018 年年初播出的大型自然人文纪录片《云南》也将云南的山山水水、风土人情全景式地展现在世人面前。边缘地域题材纪录片涉及领域广泛，从宏观到微观，从横向到纵向，大到地球，小到村落。例如，山村一直是纪实题材的“富矿”，著名摄影师焦波先生执导的《乡村里的中国》(2013 年) 便是一个范例。乡村的朴实、沉默与城市的快节奏、喧嚣形成一种明显的对比，鸡毛蒜皮的日子里却镌刻着生活的甘苦辛酸。西瓜视频 2022 年出品的“三农”题材纪录片《我们村》带领观众潜入到一个个别样的乡村，从农作物、农民、当地的风土人情等要素出发，多维度、多视角地展示着中国乡村的幸福生活 (见图 3-1)。

图 3-1 《我们村》海报

综观这些边缘地域题材的纪录片，可以发现它们的空间叙事均有共通点。一是相对原始性。边缘地域大多保持着相对原始的风貌，保存着人类最初、最本真的对世界的理解与认知，如神秘的海底与极地、经济发展较为缓慢的边缘省份、民风民俗保留较完整的村寨、环境保护较好的边远地区等，是人类的初始记忆。二是相对独立性。

地球的极地、国家之边境、城市之郊、乡野田间，其独立性不在于政治、经济、文化，而在于精神，这些边缘地域曾是大多数人的精神出发之处，现又成为大多数人的精神向往之处。精神的相对独立体现着记录的必要性，也成为边缘地域题材纪录片的价值追求所在。当然，边缘地域题材的纪录片不应仅仅满足人们的猎奇心理，更应该成为一种体现人文精神和终极关怀的载体和媒介，成为反观人类现在与过往的一面镜子，用来思考美丽背后的脆弱，喧嚣背后的孤独，以及人类自身的出处与精神向往。

（二）向边缘社会群体找选题

有了人，便有了社会的存在。阿诺德·豪泽尔说："最伟大的艺术作品，应该直接触及现实生活的问题和人物，触及人类的经验，总是为当代的问题寻求答案，帮助人们理解产生那些问题的环境。"① 现实题材纪录片聚焦社会生活中的真人真事，通过一定的艺术加工，引发人们对人与自然关系的反思、人与历史关系的反思、人与社会环境关系的反思，这是纪录片的美学特征，也是其意义所在。纪录片所传达的主要是一种社会美，社会美具有显著的社会功利性。这种社会功利性通过人和人群去表现真、善、美，去表现人类生存的终极意义。将镜头对准人，需要极强的社会敏感与社会认知。纪录片创作者更多的是关注群体中的个体，在典型的、具有代表性的"小范围的个体身上"对整个群体乃至整个社会做出及时的反映、反思，这样的作品易引起观众的关注与共鸣。本节所说的"边缘社会群体"是指社会上很少被人注视的群体，他们身上拥有容易被世人忽视的生存遭遇，容易处于社会失语状态。因此，对"边缘社会群体"的关注与记录是纪录片创作者的使命与责任。中国纪录片导演秉承底层视域与边缘意识，创作了大量边缘社会群体纪实作品。郭柯执导的《二十二》是一部关于幸存"慰安妇"的长篇纪录电影，日本侵华期间少数幸存的"慰安妇"历经艰辛回到故乡后遭遇的却是无休止的歧视、侮辱和排斥，这导致她们选择了沉默，选择了集体失语。《二十二》与时间赛跑，真实记录这群幸存老人当下的生活状态，展现了她们的生活态度。王兵导演的纪录片《铁西区》记录了辽宁省沈阳市铁西区工人在重工业厂区拆除后的彷徨、无奈和焦虑。中央电视台制作的 50 集系列纪录片《留住手艺》、百集电视纪录片《手艺》《我在故宫修文物》既记录了那些即将消失的传统的巧夺天工的技法，也记录了手艺人的坚守与遗憾。纪录片《高考》将镜头对准了号称"高考工厂"

---

① 豪泽尔．艺术社会学［M］．居延安，译．上海：学林出版社，1987：65.

的毛坦厂中学的高考生群体，社会看似对这一群体给予了高度关注，这种“关注”背后却隐藏着对他们精神生活的极度忽略，为我们留下了意味深长的思考空间。创作者聚焦于社会大转型时期社会底层人们的边缘化处境，浓墨重彩地描写底层人们的思想，描绘鲜活丰沛的人性与灵魂，在质朴沉着、冷静客观中白描生活里涌现出的底层众生相。纪录片创作需要敏感把握、细腻发现、比较思考、用心表达。诚然，边缘社会群体可提供的题材众多，引发的社会思考也多。诸如出狱者如何适应接下来的新生活，城市农民工在致富后如何更好地融入城市文化，乞讨者能否更有尊严地获得社会帮助，空巢老人是否接受各种“社会陪伴”，留守儿童成为父母后是否继续让孩子留守，等等。

然而，边缘社会群体具有相对性。单方面关注这些所谓的“弱势群体”，其实是一种典型的单向思维，是一种不公平的价值观，体现的是创作者思维的局限性。创作者既需要记录摊贩的窘迫生活，也需要关注城管人员背后的辛酸；既需要呈现医院患者的漫漫求医路，也需记录医生全方位的超负荷付出。如秦博导演的医疗纪录片《人间世》（见图 3－2）以医院为拍摄场域，聚焦医患双方面临病痛、生死考验时的重大选择，尽力还原真实的医患生态，通过对医生、患者、家属工作和生活状态的全景式呈现，引发观众的人生哲思。辩证的思维会拓宽“边缘”的内涵，去记录更多的“被忽略”，从而创作出引发人们思考、获得观者共鸣的好作品。

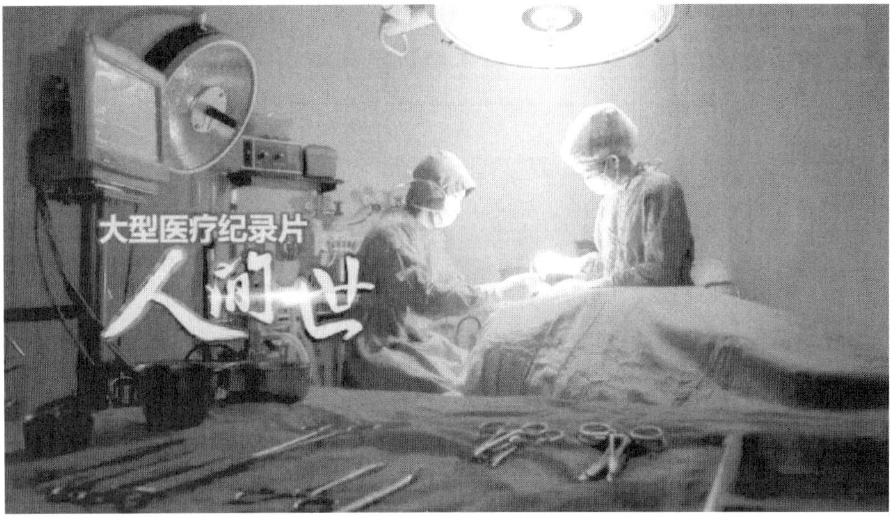

图 3－2　《人间世》海报

把握“边缘”的相对性，实质上是追求纪录片的真实性。真实，是纪录片的生命。绝对真实是不存在的，但相对真实是纪录片创作者应始终追寻的。当镜头对准一个人，或者一群人，就应该对人物所处的自然环境、历史环境、社会环境进行多维呈现，继而通过外在的生活表象、环境捕捉，引发人们对这个人、这群人真实内心的思考，这就是创作者捏在手中的“现实的渐近线”。因此，对边缘社会群体的真实记录，不仅需要避免传统的单向思维，即避免因“感情用事”而“顾此失彼”，因“价值偏向”而“故意诱导”，从而建立双向、多向记录轨迹，在人物关系中还原人物行为；还需要建构宏观维度，将边缘社会群体的外在环境与其内心世界相互映射，还原真实的人与社会，探究人类生活、生存以及人与人之间的深层关系，从而引领观众从深度与广度上进行高层次思考。

（三）向边缘文化找选题

边缘文化指的是那些少数的、容易被忽略的非主流文化。它既有着与主流文化相通的某些价值观念，也有着极具个性的理念价值。在“共生”思想中，“边缘”与“主流”不是对立的，而是在良性摩擦中产生双向运动，以实现“共生”“共赢”。随着社会的文明与开放，价值取向越发多元化，纪录片创作更加个性化。对边缘文化的关注，对人的基本价值的冷静思考，是创作者对边缘精神的忠实坚守。文化只有差异，不存在高低之分，一系列优秀的纪录片都体现了这一点。我国在亚洲-太平洋广播联盟获奖的纪录片作品《沙与海》《最后的山神》或在比较不同的文化，或在捕捉即将消逝的文化。中央电视台2006年制作的纪录片《中国少数民族》探索了藏族、羌族、土族等少数民族的独特魅力，有利于增进观众对各少数民族文化的认知与理解。英国导演罗万·迪肯关注死亡的纪录片《如何死亡：西蒙的选择》记录了身患绝症的英国人西蒙决定安乐死后最后几个月的生活，真实呈现了人们生活中不常提及、不想直面的死亡命题。由云南民族宗教事务委员会出品、云南师范大学传媒学院师生主创、昆明蹊径文化传播有限公司参与摄制的系列纪录片《悬壶天成》（见图3-3）获得第26届中国纪录片学术盛典“系列纪录片好作品”二等奖。该片立足云南实际，拍摄者走遍了四十余个县、乡镇，内容涉及彝族、白族、哈尼族、壮族、傣族、拉祜族、佤族、纳西族、藏族、布朗族、布依族等民族，实实在在地记录了云南民间医药从业者们食药、种药、产药、用药和医人、医病、医心的过程，讲述了云南民间医药的奇特魅力和民间医药从业者的妙手仁心。作品将中医文化与少数民族文化作为选题的核心要素，展现了中华文化的丰富性与多元性。

互联网技术的飞速发展，引起了文化版图的激烈动荡，文化的多元化、碎片化、虚拟化趋势日益明显，曾经在文化空间“游走”的亚文化群体，在新媒体时代不断凸

图 3-3　《悬壶天成》剧照

显其个性特征，他们已不止于表现标新立异的发型、服饰、生活行为等，更注重在网络空间对生活期许、生活态度、人生认知进行合理表达。他们不再顾及父辈的纠错、他人的看法，渐渐有了自带标签的文化表达。这些边缘文化群体的文化实践，既表明了边缘文化的内在生命力，也表现了主流文化的包容与自信。在倡导“文化自信”的今天，边缘文化、亚文化与主流文化之间的互动不再恶性争夺话语权，而是彼此挑战与激活、解构与重构。这些倔强的、被忽略的文化因子不断丰富着文化形态，慢慢褪去“边缘化”的标签，最终成为多元文化中不可忽视的有生力量。

二　网络微纪录片选题策划

微纪录片作为纪录片的分支，在概念与定义上与传统纪录片既有相似之处也有其新的特点。微纪录片一般是指时长为 5～25 分钟的纪录片，具有主题单义性、时效性强、交互性强等特征。短小的网络微纪录片符合当下用户碎片化的观看习惯，它是随着“多屏共生”现象的出现而产生的。由于传播平台不同，它所呈现出的传播形态也会随之发生改变。按照题材的不同，网络微纪录片选题主要分为政论类、时事报道类、历史类、人物类、生活类、人文地理类等。

拓展阅读：几种常见的网络微纪录片选题类型

网络微纪录片的选题需要以大众视角关注当下，贴近社会、贴近生活，这样切入更能引起大众的情感共鸣。新媒体环境下，网络微纪录片应结合新颖的视听语言，不能仅仅是为了表达而表达，而要间接性传递更深层次的内容、情感。不管是对边缘群体的关注，还是对生活中真、善、美的表达，抑或是对社会热点话题、公益事业以及弘扬人与自然和谐发展主题的关注，都是在展示社会的不同层面以及多元文化，满足观众认识了解不同人的生活，追求知识性、趣味性，以及探秘心理等方面的需求。

第二节 微电影策划

微电影，即微型电影，又称微影，是指依托网络在各新媒体平台上播放，适合在闲散时间或移动状态下观看，具有完整的故事情节，“微时长”播放、“微容量”叙事、“微周期”制作、“微规模”投资、“微设备”承载却能达到“泛传播”效果的视频短片。与网络纪录片不同，微电影具有极强的故事性，导演意识更为强烈，因此对微电影前期策划的探讨将从选题策划、人物设计、情节安排三个角度展开。

一 选题策划

（一）灵感从哪里来

1. 身边寻灵感

善于从平凡的身边事物中发现不平凡的艺术灵感，这是好的创作者不可或缺的特质，也是新媒体视听节目导演应具备的潜质。只要保持一定敏感，自身经历过的往事，人、情、景、物这些身边再熟悉不过的种种，皆能成为我们创作的源泉；另外，基于个人的直接经验与间接经验，某一次体验、某种情绪、某些思考也能激发我们的创作灵感。

2. 反思生创意

诚然，世间万物均可成为灵感来源、创作素材，但并非人人都会从中获取到灵感，激发创作欲，其中缺乏的过程便是“反思”。创作中的反思包括：横向对比、纵向对比、逆向思考、解构重构等。因为惯性思维常常使人们看待问题趋向粗线条，缺乏创造性，而创造性在于在反思过程中实现细节深掘、范式重构，所以我们可以对生活素材进行反复推敲：这样的生活素材是否具有典型性、代表性？是否值得被变为剧本搬上屏幕？是否会引起观众的共鸣？哪些细节可能是动情点、兴奋点、矛盾点？如果是小众诉求，又展现了何种人性？只有经过反复质疑、不断完善、精雕细琢，选题才能“立住脚”。

3. 好奇出新意

兴趣与好奇是创作的最大驱动力，李欣宇在《突破创新窘境》一书中将好奇心分为三种类型：消遣性好奇、认知性好奇和同理性好奇。消遣性好奇指的是对自己不熟悉、不知道的新鲜事物的一种想要了解的渴望。认知性好奇是在消遣性好奇转化为对知识的理解和探寻时产生的，这是一种付出更多努力、更深入、更有序的好奇，能够帮助人们认识周围的世界。比如在影视创作中，当导演对某一人群、某一话题、某一事件产生兴趣时，他就会进行尽可能详尽的调研，从而获得真正的认知与感受，激发创作动力。而同理性好奇关注的是“人”本身，即对别人的想法和感受产生好奇，也就是关注人们如何解决问题，人们在解决问题的过程中有哪些表现和行为，专注于挖掘行为背后的细节，换位思考人们为什么这样做。这种好奇在影视创作者身上会转化为刻画人物时的“同理带入”，沉浸式感受人物在故事中的“跌宕起伏”，这样创作出来的作品也更有感染力。比如，电影《老男孩》将迈克尔·杰克逊从辉煌到离世的一生作为一条暗线，串起了两个男人肖大宝和王小帅的成长经历。作为导演和肖大宝饰演者的肖央表示，正是迈克尔·杰克逊的突然离世刺激他完成了这个故事。创作者对偶像迈克尔·杰克逊的喜爱以及偶像突然离世的沉痛，让其有感而发地引申出迈克尔·杰克逊的一生和“70后”成长轨迹的暗合，他说：“他（迈克尔·杰克逊）最辉煌的时候，我们在中学无忧无虑，对未来充满期待。他娈童官司缠身时，我们进入社会，处处面临挑战；当他离世时，我们又面对30岁后的选择。他从神话般的偶像变成病痛缠身的凡人，我们也从阳光少年变成在大城市挣扎的小人物。”创作者将自身经验、感受体会、兴趣好奇的动因糅合进影片的调研、创作中，让这个作品既感染了自己，也引发了观众的广泛共鸣。

4. 积累＋观察

“积累”是导演的重要功课，分为间接经验积累与直接经验积累。间接经验积累主要是指通过阅读大量书籍、文献、报刊、导演手记，以及欣赏线上线下的各类经典影音资源，不断扩充自己的创作素材宝库，且对能够激发灵感的信息进行摘要、保存。直接经验积累则是指对包括自己的生活体验、见闻、调查访问、拍摄实践等在内的素材的积累。导演是一个非常复杂的工种，从业者没有经历过片场的摸爬滚打，没有对现场的组织执行和管控能力是不行的。从剧本选材、角色设定、布景道具、演员表演、拍摄剪辑，到最终的后期制作、宣传播出，每个环节都需要导演精细入微的把控和参与。

导演徐峥在给年轻导演的寄语中说："青年导演想要积累经验，就一定要去片场待足够的时间。我非常鼓励年轻一代的导演在学校时就开始从实际做起，多了解拍电影的流程。"

有目的的积累是建立在有意识的观察基础之上的，导演的"观察力"是成就其作品的核心能力，导演需要通过观察获得丰富的艺术体验、生活体验、观众体验、剧本体验。这是一种发觉那些稍纵即逝的事物并对其细心观察的能力，而这些稍纵即逝可能就是灵感的源泉。微电影的创作灵感需要通过各种观察方法去激发。首先是整体性观察，也叫宏观观察，指的是对事物进行多维度、多视点的通盘观察，创作者既需要展开纵向思考拓展深度，又需要运用横向思维延展广度，在观察时还要顾及事物的各个方面，以及事物间的整体联系，这样创作出来的微电影作品才有流传度。其次，需要精细的"微观观察"。比如，为了使微电影中的人物更加贴近生活，创作者需要对生活进行细致的观察与感悟，留心观察日常生活中独到的细节，抓住人物外部特征，分析人物心理逻辑，揣摩人物内心，形成对人物与生活内在本质的理解与认识。只有进行这样精细的微观观察，才能真正创作出"立人入心"的优秀作品。

我们在生活中发现具有上升为故事人物潜质的原型素材时，可以反复地分析、推敲：这些人最引人注目的特质是什么？可以用哪些关键词概括？我们能从哪些细节（表情、动作、语言、神态、穿着等）中判断出他们的特质？他们生活中发生的哪些事（至少两个细节故事）能够体现这些特质？他们身上的这些特质与时代、家庭、周遭环境有无联系？他们的这些特质对其他人、环境产生了什么样的影响？通过这些分析和推敲，循序渐进地、一步步地将宏观、微观观察融合到人物的特质表现中，才能既塑造丰满、立体的人物形象，又让微电影的故事更有"力量感"。

（二）有哪些选题技巧

1. 故事要"小"

微电影的主要特点有微时长、微周期、微投资等，但这种"微容量"给内容创作提出了较大的挑战。目前市场上微电影作品质量参差不齐，常出现故事架构过大、人物关系冗杂、形式大于内容、故事线索错综复杂、说教痕迹过重等问题。因此，要想在短时间内讲清楚一个故事，塑造好一个人物形象，需要故事建构更精要，人物投射更聚焦，情节设计更精细。例如，奥斯卡获奖短片《沉默的孩子》主要讲述了四岁听障女孩莉比的故事（见图 3－4）。莉比的物质生活并不匮乏，但

奥斯卡获奖短片《沉默的孩子》

是父母并不擅长照顾她，为了让她在学校里自信一些，父母请来了老师乔安。乔安一步一步走进莉比的内心世界，帮助她将手语和唇语结合起来学习如何与他人交流。有了手语的帮助，莉比慢慢变得开朗起来。但莉比的父母认为手语并不是人人都懂的语言，他们希望莉比能和其他听障孩子一样精通唇语，于是停止了她的手语学习。这部短片情节简单，人物关系简洁，时长不足 20 分钟，但其内涵却十分丰富，剧情不拖沓，许多细节引人深思，是一部非常优秀的短片。因此可以说，微电影剧本的主题越着眼于细微处，挖掘越深，洞察越透，故事才越精彩。

图 3－4 《沉默的孩子》剧照

2. 立意要“远”

好的微电影作品是需要立足当下，反映时代，折射现实，集发人深思的生活哲理、细腻动人的人物情感、设计巧妙的艺术性表达于精小的戏剧故事之中的。简而言之，立意的关键在于处理好大时代与小人物、个体与群像之间的内在关系，从而以小见大、见微知著。获第十四届华语青年电影周年度新锐最佳剧情短片奖的作品《寻牛》（见图 3－5），讲述了在茫茫群山之中的藏族村寨“丢牛”的故事。有一天老村长旺丹家的牛丢了，老村长旺丹在寻牛的过程中，把全村人都牵扯到一桩桩不可描述的荒诞戏剧中。“丢牛”事小，折射的却是现代文明对于传统藏地文化的影响与冲击，伦理与道德在谎言与欲望面前经历了一场考验，演绎出一次人性的危机。片中商业化、科技化的“物质载体”与藏地宗教文化“博弈”，淳朴的藏地文化面临物质欲望的挑战，人们的虔诚信仰也逐渐改变，从而引发观众对文明危机的深刻反思。作品以小见大，立意深远，具有较强的现实观照与精神镜鉴意义。

图 3－5 《寻牛》剧照

3. 视角要“新”

市场上的微电影作品堪称海量，难免会出现题材同质化、主题接近等问题。创作者要想摆脱传统思维脱颖而出，就需要深谙如何在视角的切入上寻求突破。视角的创新或许会产生不同的审美效果，以何种角度去观察大家习以为常的事物在某种程度上决定了创作者的创新性。微电影《母鸡》以老人的视角为中心展开剧情，空巢老人沈大妈在失去了陪伴她多年的爱犬后，陷入郁郁寡欢之中。邻居刘大爷一直对沈大妈颇有好感，为了表达关怀之情，送来了一件特殊的礼物。正是刘大爷的意外之举，改变了沈大妈祖孙三代人的家庭感情，使沈大妈彻底走出了低谷，重新焕发起对幸福生活的向往，并引发了一连串啼笑皆非的故事，而改变这一切的礼物居然是一只老母鸡（见图 3－6）。该片以新颖的视角关注空巢老人的孤独这一社会问题，沈大妈是主视角，母鸡、刘大爷、儿子、媳妇、大孙子成为陪衬，这样观众在观影时可以产生极强的代入感，深刻感受老年群体的孤独心理、人际关系、生活日常。这种手法很好地引发了社会对老年群体精神世界的深层次关注。

图 3－6 《母鸡》剧照

4. 情感要“聚”

由于在时间上具有局限性，微电影中能够用于铺垫人物情感爆发的部分有限，短时间内想要引起观众的情感共鸣确实不易，因此设置丰富且凝练的情感聚焦十分关键。捷克的微电影《桥》，叙述了一位身为道桥扳道员的父亲，在危急关头为救一车乘客而选择牺牲自己爱子的生命，并因此举而间接挽救了一位女孩的下滑人生，最终通过他人救赎了自己的故事（见图 3－7）。这部关于选择、牺牲、救赎及相互救赎的影片，不仅有着强烈的情感饱和度，也有着生活质感和人性温度。影片中情感的聚焦来源于从悲剧发生前到悲剧发生后的诸多细节。悲剧发生之前，父子俩在桦树林里欢快嬉戏，这时导演以强有力的镜头调度，通过镜头的摇晃、推拉，为即将发生的悲剧做足了铺垫。随后父子俩来到父亲工作的地方，通过儿子拉多在河边钓鱼和父亲在操控室内向外张望两组镜头的不时交替来引起悬念，营造出一种不安的气氛。危机来临之际，伴随着越来越响的汽笛声，车厢内乘客们轻松悠然的表情与父亲在操控室里的痛苦挣扎，被迅速而频繁地剪辑在一起，形成鲜明对比，衬托出父亲强烈的心理冲突——是救相依为命的儿子，还是素不相识的满满一车人？在痛苦煎熬中，父亲拉下了电闸，火车安全驶过，但儿子却永远地闭上了眼睛。悲剧发生后，父亲在车窗外哀号，而车厢内的人们照常说说笑笑，浑然不知他们的生命刚刚因为一个父亲的艰难抉择而被保全下来，哀景与乐景的对比，将这场悲剧中的情感冲突推向高潮。在整个短片中，导演来回驾驭舒缓与紧张的节奏，多处使用闪回镜头来传达人物情感。比如影片开头，在父亲孤独的神情和柔美的背景音乐中，父亲记忆中父子相处时的温馨画面传达了父亲对儿子的思念之情。又如，儿子死时，在“拉多，桥那边很冷”“所以我们要带上热巧克力”的对话闪回中，应声浮现的是父子对饮的幻觉镜头。上一刻还是欢声笑语，下一刻却是天人永隔。这些表现父子情深的闪回镜头不仅让父亲做出的选择更加沉重，也彰显了父亲为救一车人而不得不牺牲儿子的伟大。正是导演有意的音乐铺陈、高超的剪辑技巧和精巧的镜头调度，才让人物的情感如此饱满丰富，才让观众在观影时与主人公“同呼吸，共命运”。

二　人物设计

人物是视听节目的形象化表达，是整个故事情节发展的核心，创作者正是通过人物来串联情节、表达主题的。微电影的人物设置与电影不同，它的人物设计要求定位准确、背景合情、走向合理、特性细化、关系简洁。

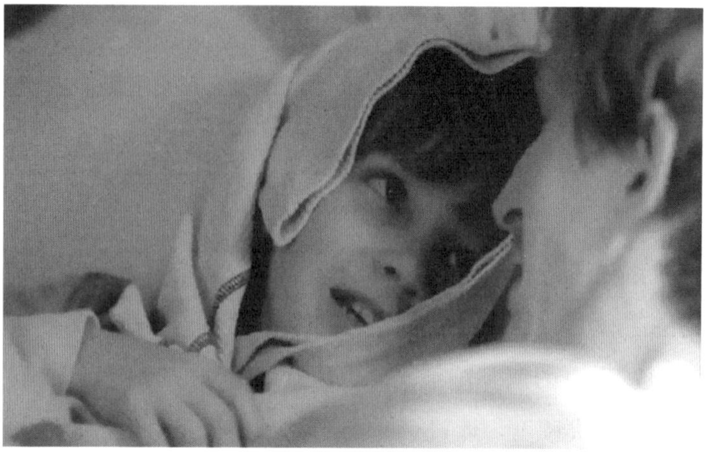

图 3-7 《桥》剧照

（一）人物定位须准确

在故事中，人物按功能设置大体分为主要人物、次要人物与其他人物。其中主要人物是微电影叙事的核心，对剧情发展、主题阐释有着关键作用；次要人物在微电影叙事中起到陪衬、反衬等作用；其他人物在微电影里可以作为背景式的叙事补充，是为了串联剧情线索和衬托主次要人物而设置的。无论是主要人物、次要人物还是其他人物，其定位一定是清晰明确的，创作者要努力在有限的时长内让各类人物特性鲜明、具有各自的立场和态度，但这不意味着原本复杂立体的人物会因叙述空间的有限而趋于单一化和平面化，而是给予其一个精确的定位，让人物塑造有一个基本立足点，方便在故事中进行刻画，不断深化人物形象。在奥斯卡获奖短片《口吃》（见图 3-8）中，男主人公是一个不善于表达又很自卑的人，说话的时候总是磕磕巴巴。因为自卑、害怕别人的嘲笑，他把自己隔绝在自己的世界中，不愿和别人交流，通过学习手语来掩饰自己的口吃。他有时能从别人的动作、表情中读出他们心中的想法，也有很多的内心语言，却无法将它们正常地表达出来。他有一个认识很久的女网友，在一次偶然的机会下，女网友提出见面的要求，男主人公一开始选择逃避，他害怕女网友会像其他人一样对自己投来嘲讽的眼光；而经过一番挣扎，他最终还是决定勇敢面对。直到相见时，两人才发现彼此是“同一种人”。导演对口吃者这一弱势群体的认知较为准确，而且有明确的立场，男主人公的外在行为与内心独白均清晰地呈现了口吃者的真实状态，容易引起观众共鸣。因此可以说，人物的定位直接影响了人物在剧中的形象，定位准确的人物角色、身份、性格特点将促使剧情朝着合理化的方向发展。

图 3-8 《口吃》剧照

(二) 人物背景须合情

环境与人物之间的内在关系是紧密而又微妙的，需要导演刻画细节，细致表达。在微电影中，对人物的时代背景、家庭背景、个人背景等的交代不在于设置过多的描述性文字或者旁白，而在于通过人物的生活环境、行为、语言、细节等，进行间接、抽象、快速的介绍，这些交代务必符合剧情的需要。获得第十六届大学生原创影片大赛最佳编剧奖的微电影《明月的暑期日记》（见图 3-9），通过一本小女孩的日记讲述了她在暑假里的一段成长经历，以独特的女性视角、充满诗意隐喻的表现手法和成熟圆融的叙事技巧获得了评委与观众们的赞许。12 岁的初中生明月，在父亲去世那年的暑假迎来人生的初潮；母亲美美靠在酒吧里卖酒维持二人生计；打鱼的男人对母亲有意思，会时常送来河鲜讨好她们母女俩。处于这样环境之下的明月，性格有些孤僻和阴郁。该片用一个小女孩的独有视角，展现了单亲家庭孩子对母亲再婚问题的恐惧、排斥甚至痛恨。影片对人物的家庭背景、生活环境的描绘大多是不经意间的表达，将少女心事和成长的孤独融为一体。影片以暑假作业（日记）引出了对成人世界与花季青春的双重思考，有个性也有共性。

(三) 戏剧性走向须合理

影片故事大多是伴随主人公的欲望而展开的，这种对基于人物特性本身的欲望的设计要合理，才会促成故事戏剧性走向的合理化，同时推动故事情节不断发生变化。

图 3-9 《明月的暑期日记》剧照

比如A情节中主人公的欲望和选择，要导致B情节的出现，而B情节中主人公的行动和后果要导致C情节，C情节中主人公的行动和后果要导致D情节，D情节或许又回到A情节主人公身上，就像多米诺骨牌一样，首尾相连，少了一块就无法形成一个完整的通路。意料之外又情理之中的戏剧性，才会勾起观众本能的欣赏欲望。例如，微电影《盲钻》（见图 3-10）讲述了一个道德与欺骗的故事。故事的开始，由梁静饰演的女人住在一栋豪华的别墅里，她身穿名贵的礼服，戴着珠宝首饰，站在一面镜子前反复地端详着自己的装扮。然后，门铃响起，水管工来了，他拎着工具箱站在门后，帽子遮住眼睛。修理过程中，一颗钻戒燃起了他的“贪婪”之心，他拿在手里仔细端详，却被女人撞见。他们之间微妙又神奇的利害关系，在短时间内迅速发酵、膨胀，继而消落。最后两人在地铁偶遇，四目相对，谜底揭晓，原来女人只是这家的保姆，偷穿了女主人的衣服，而男人偷走的那枚钻戒正戴在他身旁怀孕女人的手上，两人谁也没有说话，像陌生人般漠然。影片的情节驱动均符合人物的性格定位、身份定位，同时也表达了现代社会中的人对于物质的困惑，以及人性的虚荣、贪婪与温情。

（四）人物特性须细化

人物设计自然是以其出生地、年龄、成长环境、性格、形象、穿着等一系列基本信息作为支撑的。电影《阿甘正传》里的阿甘，他刚出场时穿着看起来就很不合适的西服，留着打理得过于严谨的发型，给人一种奇怪又好笑的感觉，显示了他与其他人的不同之处。他这种打扮正是一种特定的人物造型，所以从造型中就可以看出他单纯、

图 3-10 《盲钻》剧照

固执的性格基调，并且容易给人留下深刻印象。对观众来说，影片的第一个场景、第一个事件的目的就是交代人物特性，使观众清楚时空背景、了解人物身份，并在一定程度上为故事结局埋下伏笔。因此，一些看似可有可无的细节就成了人物刻画与故事发展的点睛之笔。微电影的人物刻画与普通电影相似，但更加注重细节上的处理，细节叙事可以弥补“微”的叙述时空限制，丰富故事的内容、推进情节的发展、刻画人物形象及其性格特征。微电影人物特性主要从动作细节、语言细节、环境细节、物件细节这四个方面把握。

拓展阅读：微电影人物个性细节的把握

(五) 人物关系须简洁

微电影中的人物关系一般比较简洁，但主人公与对手这两个角色是必不可少的。其中，每个角色代表的是一类群像，随着剧情的展开，人物关系会由一对一的模式转换成多种类型的人物之间的互动模式。

1. 主次式

主次式指的是以一个主人公为中心，一个或几个次要人物通过衬托、帮助或阻碍的辅助作用串联线索、推动故事发展的人物关系模式。此类关系重在突出单一主要人物的性格、特征、经历和内心，同时也凸显某一群像的整体特征。《校合唱团的秘密》是克里斯托弗·迪克执导的儿童题材剧情短片（见图 3-11），小女孩索菲亚转学到一所新学校，心心念念要加入合唱队，但被老师告知以后她只需要“默唱”，她水平不佳，如果唱出声音就会影响校合唱团的整体成绩。索菲亚虽然不开心，但还是选择了服从。她站在队列中，努力保持着和别人一致的口型和投入的面部表情，不发出一点声音。丽萨是索菲亚的同学兼好友，颇有音乐天赋，因而受到了合唱团指导老师艾丽卡的青睐。有一天她发现了索菲亚“假唱”的秘密，忍不住当众质问老师，却由此发现了更令人震惊的真相——被要求“默唱”的其实不只是索菲亚一个。于是丽萨与索菲亚相互支持，让各自都成了“勇敢的发声者”。诸如此类的影片除了表现主人公与广阔外部世界的关系外，还经常通过展现人物的双重性格和内心冲突，揭示人性的丰富内涵。

图 3－11 《校合唱团的秘密》剧照

2. 对位式

所谓对位式，是指故事中的两个或两个以上的个体在行为、态度、心理、立场上处于对立的位置，互相排斥甚至爆发冲突的人物关系模式。形成对立的方式有两种：一种是先天式的，人物间一开始就存在对立；另一种是后天式的，对立是渐渐积累而来的。对立关系也有多种表现形式，如两个个体之间、两个群体之间、个体与群体之间，还可发生在个体本身存在的两个截然不同的侧面或是一个群体中出现的两个对立面之间。微电影中常见的是个体的两面对立与个体之间的对立，个体的两面对立被称为两个自相似人物，也就是单一人物双重面的内部冲突；而个体之间的对立则被称为两个人物单一面的外部冲突。第 91 届奥斯卡最佳真人短片《肤色》（见图 3－12）讲述了一名白人男子因肤色偏见对黑人男子进行毒打，之后白人男子被施以黑肤文身的报复，最终被自己的儿子开枪打死的一桩悲剧。片中白人男子在对黑人男子拳打脚踢、倒牛奶予以羞辱的时候就注定了会遭到报复。黑人作为被欺凌的一方，其猎奇式报复虽然能解一时之愤，却也需要背负更多责任与后果。两名不同肤色的男子作为对立的双方，既不断通过矛盾推动剧情，各自的选择和结局之间的对比也关照了影片的种族歧视主题。

图 3－12 《肤色》剧照

三 情节安排

情节是视听节目内容构成的要素之一，是指视听节目中表现人物之间相互关系的一系列生活事件的发展过程。微电影的故事情节是剧中人物之间的联系、矛盾，是剧中人物的性格，也是其成长的历程。

（一）情节结构设计的类型

根据呈现形态的不同，微电影故事情节一般可分为传统类情节和非传统类情节。传统类情节的微电影，一般用一条主线贯穿全片，或者用一条主线带一条副线来构建全片。在仅有一条主线的微电影中，主线是全片的线索，是整个故事的核心，靠主线完成全片的故事叙事、人物塑造和主题表现。在非传统类情节的微电影中，通常有两条或者两条以上的主线并驾齐驱，这些主线都由作品的主题统率。

拓展阅读：微电影情节结构设计的四种类型

还有一种特殊的表现形式是淡化情节甚至是无情节。根据微电影情节线索的特征，我们可将微电影情节结构设计划分为四类：单线结构、双线结构、伞状结构、套环式结构。

（二）情节矛盾设计的方法

微电影的微时量，使得影片只能容纳极少的平铺直叙的内容，大部分情节的节奏较快，直至完整利落地收尾。矛盾冲突更是所有情节的灵魂，所有的电影都会在主人公追求一个重要目标的前行道路上设置冲突。没有冲突，不成故事。因此，矛盾冲突的设计是微电影情节安排的关键与微电影的核心卖点。首先，矛盾冲突与现实生活有着密切的联系。我国著名戏剧家曹禺曾经说过："要真正写出一个生活的真实来，就要看你用不用头脑去思索你所看到的种种，并把你真正感受和思索的东西写成作品。"既然冲突源于生活，那么就应回归本源去观察生活中存在的真实矛盾，并有所选择地将具有社会意义的、深刻揭示生活本质的、典型性的、戏剧性的、艺术观赏性的矛盾纳入情节设计之中。其次，矛盾冲突需要进行后期设计，矛盾冲突设计的成功与否直接影响微电影叙事的整体效果。剧情的张力主要由对比、反差、冲突、转折、和解五个基本的关键点决定。不管是人物自身的内心矛盾，还是人物之间的关系矛盾，又或者是事件与事件之间的矛盾，只要故事情节围绕矛盾冲突展开，大体上都离不开这五个基本点。

拓展阅读：微电影情节矛盾设计的四种基本方法

【扩展资源】

1. 央视网纪实台

http：//jishi. cctv. com/

2. 二更视频平台

https：//www. ergengtv. com/

3. 新片场

https：//www. xinpianchang. com/

【思考与练习】

1. 你认为网络纪录片应如何策划选题？何谓"边缘"？

2. 微电影策划中的选题、人物设计、情节安排有哪些技巧和方法？

【实践项目】

在网络纪录片、微电影中任选一种，形成一份策划案。

可参考下表形式对实践项目进行考核评价。

实践项目考核评价表

<table>
<tr><td>任务</td><td colspan="4">网络纪录片或微电影策划案</td></tr>
<tr><td>创作方式</td><td>小组完成</td><td>组员姓名</td><td colspan="2"></td></tr>
<tr><td>完成时间</td><td colspan="4"></td></tr>
<tr><td>具体步骤</td><td colspan="4">1. 小组线上线下调研，确定主题、故事梗概与内容框架
2. 撰写策划方案
若选择网络纪录片，则围绕选题背景、选题意义、内容框架三个核心要素展开；若选择微电影，则从选题背景与意义、人物设计、情节安排三个核心要素展开
3. 课堂 PPT 展示，回答师生提问</td></tr>
<tr><td>成果表现形式</td><td colspan="4">策划案一份，PPT 一份</td></tr>
<tr><td>实践小结</td><td colspan="4"></td></tr>
<tr><td>自我评价
（满分 30 分）</td><td colspan="2">1. 实践态度（10 分）
2. 解决现实问题的能力（20 分）</td><td>评分</td><td></td></tr>
<tr><td>学生互评
（满分 30 分）</td><td colspan="2">1. 协调能力、组织能力评价（15 分）
2. 实践小结完成度（15 分）</td><td>评分</td><td></td></tr>
<tr><td>指导老师评语与评价
（满分 40 分）</td><td colspan="4">总分：</td></tr>
</table>

中篇
新媒体视听节目的拍摄

拍摄是视听节目创作最重要的环节之一。前一阶段精心选好的题材，策划、设计好的文本，都必须通过拍摄转化成影像与声音，成为下一阶段的素材。如果这一环节出现了问题，前期的策划就将化为泡影，后期剪辑极有可能陷入“无力回天”的困境，从而导致作品失败。因此，任何一个优秀的创作团队都不会轻视拍摄，反而会竭尽所能地在拍摄阶段采集形式多样、丰富多变的镜头，为后期剪辑提供更大的创作空间和更多的创意可能。

新媒体时代，科技高速发展，新的设备、新技术层出不穷。一方面，一些普适级的摄录设备价格越来越低，性能越来越优越，操作也越来越简便；另一方面，受众注意力越来越稀缺，要拍摄出优秀的“引人注目”的视听作品，成为市场的“爆款”，似乎越来越难。作为新媒体视听节目的创作者，应该时刻把握行业的新动态，掌握不同类型设备的使用技巧，提升自己的创作能力。本篇将系统介绍设备的挑选与运用，分步骤解析手机拍摄、无人机航拍的操作技巧，详细解读当下流行的拍摄技术技巧，等等，借以全面提升创作者的拍摄能力。

第四章

设备的挑选与运用

【学习目标】

1. 熟悉并掌握不同摄录设备的特性和应用场景。
2. 了解设备的维护与保养技巧。
3. 掌握拍摄操作过程中的注意事项。
4. 能根据项目的要求灵活选用合适的摄录设备。

第一节 认识设备

如果把创作看作一个整体的话，那么摄录设备就是创作的心脏。摄录设备的选择不仅涉及创作的经费预算，还将影响剧组其他所有设备的选择——选用胶片机还是数字机，如何配置镜头、选用何种机型以及其他辅助设备。

在视听节目创作领域，设备的性能不同，记录下的影像的画质也会有明显的差异。一般来说，电影级、广播级的摄录设备在影像记录上的优势明显高于普通摄录设备。但电影级、广播级摄录设备价格昂贵，操作难度大，往往让普通创作者望而却步。新媒体时代，一些轻巧便携、功能强大的摄录设备逐渐获得市场青睐。目前市面上的摄录设备品种繁多，性能各有千秋，如何选择合适的摄录设备为摄制服务是每个创作者必须思考的问题。

在这一节，我们将为大家介绍几大类不同摄录设备的发展历史及性能，以便于大家对摄制阶段的“神兵利器”有一个基础的了解和认识。

一 胶片摄影机

拓展阅读：了解胶片摄影机

电影的诞生和胶片摄影机密不可分。随着时代和科技的进步，胶片摄影机和胶片电影也在不断迭代发展，然而随着数字时代的来临，摄影机也逐渐开始向数字化迈进，胶片摄影机则日渐“式微”。但胶片摄影仍然拥有其独特魅力，在当下仍然被相当一部分人群偏爱。

二 摄像机

胶片摄影机是机械时代的产物，而摄像机则是电子时代高科技的智慧结晶。从摄像机诞生到现在，电子技术的革新一直推动着摄像机的演变和发展，新技术、新机型层出不穷。摄像机的推陈出新则促进了创作手段的更新和创作理念的变化，使得作品更为丰富和多元。

（一）摄像机的发展

20 世纪 30 年代摄像机的核心部件以电子管电路为主，机身庞大笨重，耗电量大，图像粗糙模糊，拍摄基本只能在室内进行。20 世纪六七十年代，晶体管和集成电路技术被运用到了摄像领域，摄像机在体积缩小的同时，性能得到了大幅度的提升，拍摄的画质也较前一时期清晰稳定了许多。20 世纪 80 年代，大规模集成电路技术发展迅猛，微处理技术也得到广泛运用，摄像机的操控基本实现了全自动化，其功能和记录能力大幅提升。20 世纪 90 年代，进入数字化时代的摄像机机身越来越轻巧、便携，拍摄出的影像越来越清晰，操控也越来越智能。进入 21 世纪高清摄像机出现，直接将画面像素从 720×576 提升为 1 920×1 080/50i（隔行扫描），高清摄像机拍摄出的影像画面清晰度高，色彩还原逼真，同时系统稳定、适应性强，寿命长，性价比高。

数字摄像机自面世以来，其性能和技术指标一直被不断刷新。2012 年 5 月，国际电信联盟发布了 BT. 2020“超高清电视 UHDTV”标准的建议，将屏幕物理分辨率达到 3 840×2 160 及以上的画面称为 4K 画质，因此 4K 又称为 2 160P。这意味着在此分辨率下，观众可以看清画面中的每一个细节、每一个特写。4K 摄像机以无与伦比的性能迅速占领市场成为主流。在拍摄相同视角下的同一场景时，4K 摄像机会用 4 倍于 1 080P 高清摄像机的信息量去还原场景，画面自然更清晰、更精细，也更容易令观众身临其境。4K 摄像机拍摄的画面带来的是影像世界里颠覆性的视觉感受，一些电影工作者也越来越青睐选用数字摄像机，以此代替胶片摄影机。

2012 年 8 月，国际电信联盟接受了日本 NHK 电视台的建议，以 7 680×4 320 解像度作为国际 8K 超高画质电视（SHV）的标准，8K 画面的分辨率是 4K（3 840×2 160）的4 倍，清晰度是蓝光版的 16 倍，被称为“超高精细影像”。目前 8K 摄像机已经上市，国际摄影器材制造商潘那维申（Panavision）、索尼（Sony）、佳能（Canon）都纷纷推出了相应的产品。值得一提的是，中国制造的 8K 摄像机也开始受到市场的青睐，一举打破了长期被欧美、日本等地把持高端摄录设备生产与经销的局面。国产摄影机厂商卓曜（Kinefinity）推出了 MAVO Edge 8K（见图 4－1）、Z CAM 推出了 E2-F8，这两款产品性能优越，性价比极高。

图 4－1　卓曜的 MAVO Edge 8K 摄像机

4K 方兴未艾，8K 来势汹汹，可以预见，随着科学技术的发展，人类对于影音的视听追求永远不会停歇。这既是视听艺术发展提出的客观要求，也是其前行的重要动力。

（二）摄像机的种类

摄像机的更新换代比较快，分类标准比较复杂，针对市面上现有的设备情况，我们按不同的标准进行了分类，一些已经被淘汰的产品譬如磁带摄像机、硬盘摄像机等不在讨论范围之内。

1. 按摄像器件划分

按摄像器件划分，摄像机可以分为 CCD 摄像机和 CMOS 摄像机。CCD 的全称是 charge-coupled device，即电荷耦合器件。CCD 器件性能稳定，信号处理精确，广泛用于广播、专业、家用等各个级别的摄录设备中，是目前市场上的主流产品。CMOS 全称为 complementary metal-oxide-semiconductor，即互补金属氧化物半导体。CMOS 器件的价格比 CCD 器件低 15%～20%，功耗也低。近年来，随着技术的更新，其图像传感质量不断逼近 CCD 的水平，大有与 CCD 器件分庭抗礼之势。

2. 按用途划分

按实际用途划分，摄像机可以分为广播级摄像机、专业级摄像机和家用摄像机三种。广播级摄像机技术指标高、性能好、图像质量高，价格昂贵；专业级摄像机广泛运用于教育、工业、医疗、交通等非广播领域，体积小、重量轻，价格便宜，图像质量远不及广播级摄像机；家用摄像机主要用于家庭娱乐，机身小巧，便于携带，价格偏低，图像质量较低。

3. 按清晰度划分

按清晰度划分，摄像机可分为标准清晰度摄像机、高清晰度摄像机和 4K 摄像机。标准清晰度摄像机又称标清摄像机，其清晰度在 250～850 电视线，画面大小为 720×576（PAL 制式），但目前市面上的标准清晰度设备基本已被高清晰度设备替代。高清晰度摄像机又称高清摄像机，其清晰度在 1 000 电视线以上，画面大小为 720P（720×1280）或 1080P（1 920×1 080）。

4. 按镜头能否更换划分

目前市面上绝大多数摄像机的机型都是摄录一体的，即镜头和成像装置连在一起，镜头不可更换。最近几年，很多专业的电视台和影视制作公司都非常青睐可以任意更换镜头的摄像机，即镜头和机身可以分离，只要为机身搭载镜头转接环，摄像机就可以和很多佳能、尼康的镜头以及一些副厂的镜头配合使用，既能够充分发挥摄像机在运动拍摄时的灵活性，又能发挥单反镜头组在焦距扩展上的丰富性，可以说是现在拍摄广告、影视作品、纪录片的利器。目前市面上备受追捧的索尼 FX6 就是一款镜头与机身可以分离的机型，其机身小巧轻便，内置无级可变电子 ND，画质达到电影级别，是被奈飞认证的摄像机（见图 4－2）。

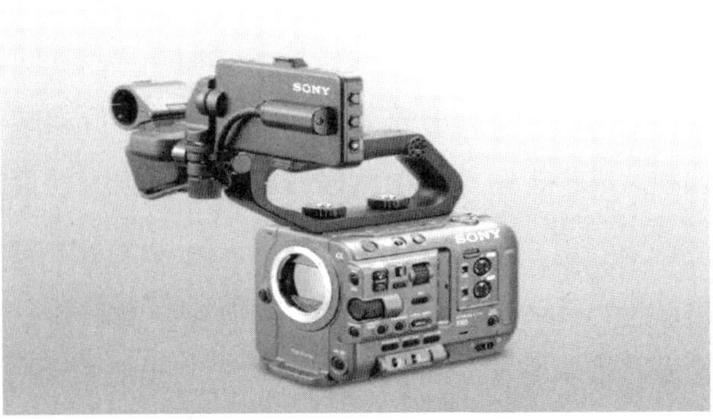

图 4-2　索尼 FX6 摄像机机身

（三）摄像机的性能

20 世纪 90 年代后的数字和 CCD 摄像机时期，摄像机的体积由最初的庞大转为轻便，拍摄的画面由粗糙、模糊变得越来越清晰。目前，摄录设备从家用到专业级、广播级，已全面实现了数字化，摄像机的存储介质也由早前的磁带记录、光盘记录，换为存储卡、硬盘记录。与传统的胶片摄影机相比，摄像机在影像记录上有着鲜明的特点。

拓展阅读：摄像机的性能特点

三 单镜头反光式取景照相机

单镜头反光式取景照相机俗称单反相机，英文全称 single lens reflex camera，简称 SLR camera，是指运用单镜头，使光线通过此镜头照射到反光镜上再通过反光取景的相机。“单镜头”是指摄影的曝光光路和取景光路共用一个镜头。“反光”是指相机内部的一块平面反光镜可以将两个光路分开，取景时反光镜落下，先将镜头的光线反射到五棱镜上，再由取景窗获取到；拍摄时反光镜快速抬起，光线便可以照射到胶片或感光元件 CCD 或 CMOS 上。

1861 年，英国知名摄影师、作家和发明家托马斯·萨顿设计了第一台单反相机并取得专利。随着时代的发展，研发者们不断地升级改进寻像器、测光技术、自动曝光、自动聚焦功能，单反相机的性能日臻完善。1975 年，柯达技术人员史蒂夫·J. 塞尚研制出第一

拓展阅读：单反相机的性能特点

台数码相机，为相机的发展指出了新的方向。1981 年，索尼展示了 Mavica 系列的首款产品，单反相机由此进入数字时代。2008 年，研发者们在单反相机上添加了短片拍摄功能，再加上出色的感光性能、更好的细节表现能力、相对低廉的价格，单反相机受到了越来越多的个人和低成本视频制作团队的青睐，开始被大规模地运用在视频的摄制上。

近年来，数码单反相机（DSLR）越来越受到影视制作公司和影视创作者的青睐。一些重量级的影视作品，比如引发全国收视狂潮的大型纪录片《舌尖上的中国 I》，其中的镜头基本上是用佳能 5D Mark 系列的单反相机拍摄的。

四 其他摄录设备

随着科技的进步与发展，媒体在社会生活中的作用越来越重要。从传统媒体到新媒体再到融媒体，媒体正在不断壮大着自身的实力。媒体的融合与发展也给视听节目创作带来了极大的改变，一些小巧灵便、性能优越的小型摄录设备开始进入视听节目创作领域。它们的出现不仅催生了新的创作理念，拓展了创作空间，也极大地带动了全民创作的热情，使得视听节目创作不再神秘。其中，最具代表性的摄录设备有智能手机、运动相机、航拍无人机等。

（一）智能手机

摄影、摄像是智能手机的重要功能，智能手机不仅满足了大众对于“复制保留”的需求，亦成了推动社会发展的重要工具。手机制造商出于市场竞争的需要，不断提升手机的摄录功能。一些高端手机的摄录能力越来越逼近专业单反相机或者是摄像机。比如国产知名手机品牌华为 2020 年上市的 P40 系列后置 3 个摄像头，其主摄像头的传感器尺寸达到了 1/1.28 英寸，像素达 5 000 万，还搭配有超广角摄像头和 3 倍光变长焦摄像头，在处理器上增加了 AI 功能，能完美呈现虚化效果。除了满足日常生活的拍摄需求之外，智能手机甚至可以参与微电影创作，成为有力的影像采集工具。从 2018 年开始，每年都有知名的电影人利用手机拍摄微电影，比如 2018 年著名导演陈可辛使用 iPhone X 手机执导拍摄的短片《三分钟》（见图 4－3 左），2020 年国际知名导演西奥多·梅尔菲用 iPhone 11Pro 拍摄的微电影《女儿》（见图 4－3 右）。可见，随着智能手机摄影、摄像功能的不断进步，智能手机拍摄不仅受到了大众的追捧，还开始向专业领域靠近，这使其成为新媒体时代不可缺少的摄录工具。

图 4-3　智能手机拍摄的电影作品《三分钟》《女儿》

与传统的摄录设备相比，智能手机有以下特点：

1. 便携

智能手机已经成为人们日常生活中不可缺少的随身之物，其小巧轻便，方便人们随身携带、随时随地记录，尤其是面对一些突如其来发生的事件，如火灾、交通事故、大桥坍塌、地震等时，手机往往能让人们抓拍到现场最鲜活的影像，并以最快的速度通过网络发布。比如 2005 年伦敦地铁爆炸事件中，一名乘客用智能手机拍下了爆炸后的现场照片（见图 4-4），该组照片被《纽约时报》和《华盛顿邮报》在头版位置刊登出来。这是传统媒体首次采用智能手机拍摄的照片，充分说明了智能手机作为影像记录的设备在媒体融合时代得到了媒体行业的认可。

图 4-4　用智能手机拍摄的伦敦地铁爆炸照片

2. 即时性与互动性

智能手机除了能随时随地记录之外，还能利用通信网络实现影像等信息的快速发布与分享。随着5G技术的大规模运用，视频的传输将会越来越迅捷，智能手机通信的即时性这一特点将越来越突出。北京师范大学的喻国明教授认为“5G时代从某种意义上说，就是视频‘大行其道’的时代。视频已经远远超越传统娱乐方式，成为主流传播及人们社会性认知的重要媒介表达形式”①。

3. 操作简单，易普及

智能手机日益普遍化，目前基本人手一部，且操作简单，只需点开相机选择摄像功能即可完成视频拍摄。

（二）运动相机

运动相机是近几年发展非常迅速的一种摄录设备，它是一种便携式的小型防尘、防震、防水相机，特别适合在高空、深水环境和极限运动中使用。运动相机擅长记录动作过程，所采用镜头常为超广角或鱼眼镜头，它机身小巧，携带方便，与自拍杆、摩托车头盔支架、T形胸带等配件配合使用，可以极大地方便运动者在运动过程中摄录影像。图4－5为常见的运动相机与穿戴式设备的配合使用。

图4－5 运动相机与穿戴式设备配合使用

运动相机虽名为相机，但大多运用在视频拍摄场景中，售价为2 000～3 000元。其小巧灵动、性能强大，常用来记录运动者的第一视角，在拍摄Vlog、旅行影像日记和极限运动视频中，深受年轻摄录爱好者的喜爱。

① 快手研究院．被看见的力量［M］．北京：中信出版社，2020：1.

目前市面上主流的运动相机品牌有GoPro、大疆、Insta360（影石），可以分别满足人们对运动相机、Vlog运动相机、全景相机等不同的需求。

（三）航拍无人机

航拍无人机指从事空中摄影（或航空摄影）的无人机。航拍无人机可以不受地面障碍物的遮挡，清晰地以俯瞰视角记录被拍摄主体及其所在环境的外部信息，所拍摄的影像犹如“上帝视角”，画面深远辽阔、气势恢宏，被广泛地应用于影视广告、宣传片、电影拍摄中。

最近几年航拍无人机技术日臻成熟，国产大疆无人机已经成长为全球最知名的无人机，成为民族的骄傲。航拍无人机轻巧、灵便、智能化程度高，逐步替代传统的吊机、直升机和有人驾驶飞机，深受摄录爱好者喜爱。航拍无人机在性能上具有传统航拍摄录设备无法匹敌的优势：

（1）受天气和地形影响小，即使在阴天和轻雾天气情况下也可以拍摄。

（2）飞行高度较低，能够获取大比例尺、高分辨率的图像数据，较好地显示所拍物体的轮廓和结构。

（3）航拍无人机具有高效的操控系统，拍摄周期短。

（4）航拍无人机设备组装机便于携带，与传统航拍直升机相比，设备和人员成本低，飞行安全系数相对较高，更灵活机动。

（5）可以与智能手机等移动终端配合保存影像，并能快速分享、发布影像。

新媒体时代，视听节目的制作不再囿于电视台、电影公司等专业机构，越来越多的摄录爱好者加入创作者的行列，有的甚至自己成立工作室、制作公司。如何选用合适的设备，一个比较好的参照标准是依据节目的类型来进行选择。表4-1是行业内众多摄像师在创作视听节目时选择设备的经验，供大家在实际创作中参考。

表4-1 不同类型节目常用摄录设备参考

节目类型	参考摄录设备及主流机型	设备优势及特点
商业宣传片、专题片、常规纪录片	单反相机：佳能EOS 5D、佳能EOS 6D系列	性价比高，拍摄出的画面色彩艳丽、清晰逼真
	单反相机：索尼α7R2	价格较昂贵，拍摄出的画面色彩偏灰，适合后期调色
	摄像机：索尼FS5、索尼FS7	机身与镜头分离，可以适配各单反镜头组扩展焦距，发挥摄像机与单反相机的优势

续表

节目类型	参考摄录设备及主流机型	设备优势及特点
广告片、影视剧、高成本微电影、网络大电影	电影摄影机：Red Komodo	价格昂贵，画质细腻、柔和，低照度场景下记录能力惊人
	摄像机：佳能 EOS C300 Mark Ⅲ	性价比较高，轻巧便携，自动对焦出色，能较好地满足后期调色需求
大型活动、婚礼庆典、课程录制、会议	索尼民用级摄影机：索尼 NX3、索尼 MC2500、索尼 NX100 等	摄录一体，操作简单，性价比高
短视频拍摄、Vlog	智能手机、口袋相机、GoPro 等	携带方便、简单易操作，后期剪辑便捷，可快速发布分享

第二节 拍摄的准备工作

挑选好合意的摄录设备后，接下来就进入到实际拍摄环节。有相关经验的人都非常清楚，拍摄前如果不做好充分的准备，就很有可能给自己后面的工作埋下隐患，严重的时候会导致拍摄无法进行。这一节，我们将针对拍摄前的准备工作为大家进行详细介绍。

俗话说："兵马未动，粮草先行。"在拍摄中，"粮草"就是摄录设备及相关辅助设备。由于绝大多数的拍摄都是在户外进行，有时候还得长途跋涉，因此在出发拍摄之前，就很有必要进行摄录设备的检查以及相关配件的准备，为拍摄工作打好物质基础。

一 拟定设备清单

拍摄工作一旦开始，各个环节便环环相扣、铺陈开来。拍摄环节的有序推进不仅能极大节省费用开支，最重要的是能提高工作效率，激发人的创作热情。因此在出发拍摄之前全面地梳理拍摄任务并拟定合理的摄录设备清单是一个聪明的选择。

设备清单的拟定要坚持"使用恰当的设备"原则，根据节目类型及具体要求"量体裁衣"，不必一味地追求设备的高精尖。一般来讲，越高端的设备对技术的要求就越高，如果经验不足，则很容易失败。

另外，在拟定设备清单时，要特别注意主设备之间、主设备和配件之间的适配性。曾任美国芝加哥哥伦比亚学院影视系主任的迈克尔·拉毕格在《导演创作完全手册》里特别指出要警惕设备之间的不兼容。[①] 例如，在拍摄微电影时，若选用的是双机位，那么建议双机位的摄像机尽量是同一品牌的同一机型，避免后期剪辑时选用的镜头因与其他镜头画质存在差异而无法使用。此外，一些主设备和配件是否能直接匹配，是否需要转换器，也都是需要考虑的。

二 主设备的检查

拟定好了清单，接下来的工作就是对照清单准备设备。在准备设备的过程中，有必要对设备进行检查。在好莱坞的拍摄现场，“检查，再检查”是影视工作者的信念，不能对这个环节掉以轻心，更不能省略，因为一旦省略，就是给意外留机会。

（一）摄录设备检查

拍摄前，一定要检查摄录设备的工作状态，确认设备处于正常状态。如果忽视这一环节，就很容易导致拍摄故障，影响拍摄的正常进行。

检查的步骤一般是为摄录设备安装好电池和存储卡，打开电源，从寻像器中查看有无“警告”标志。摄录一体机有自检功能，摄像师可以根据寻像器中的“警告”提示排查故障。

确认设备没有“警告”提示后，接下来最好取下镜头盖试录一段，然后查看录制内容的声音、画面是否正常。一旦发现异常，就需要及时进行设备的调换。

（二）组装测试

很多时候，摄像师会习惯性地仅检查摄录设备的核心器材，而忽略主设备与配件的组装测试。一个负责任的摄像师在认真核对设备清单、准备好各个配件后，会将设备组装起来试用。在检查时，一是留意主设备与配件之间是否适配，二是关注组装、滑动、锁扣、滚动、开启、产生噪音或无声运行是否属于正常范畴。组装完成后还要测试一下效果，以确认每一个细小环节都是正常的。

---

① 拉毕格．导演创作完全手册：插图修订第 4 版［M］．唐培林，译．成都：四川人民出版社，2019：325.

三 配件的检查

（一）电源

绝大多数的摄录设备都提供两种供电方式：一种是电池充电，另一种是通过交流电源适配器外接交流电。在室内拍摄时，摄录设备活动范围小，如果需要长时间的拍摄，可以采用交流电源适配器外接交流电的方式进行供电。如果是户外拍摄，为了摆脱电源线对拍摄活动的牵制，通常都会采用电池供电。

在出发之前，要事先准备好电池充电器、插线板，为电池充好电。外出拍摄时，一般需要准备 1～2 块备用电池，避免出现因电池电量不足而延误拍摄时机的情况。

（二）存储卡

数字时代，主流的摄录设备都是采用存储卡或者硬盘记录音视频信息。拍摄前应该准备好存储空间充足的存储卡，以保证拍摄工作的顺利进行。摄像师要清楚地了解自己拍摄任务中素材的格式要求，大致估算好可能需要的存储空间。一般来说，超过一天的拍摄，摄制组会准备好两个左右的移动硬盘，拍摄完毕后会及时将存储卡内素材复制到硬盘中进行多重备份，这样既能够保证素材不丢失，也能有效利用存储卡进行拍摄。

目前市面上主流的存储卡包括 SD 卡（secure digital memory card）和 Micro SD 卡（原名 TF 卡，trans-flash card ）两类。前者规格为 24mm×32mm×2.1mm，后者规格为 15mm×11mm×1mm。绝大多数的摄录设备使用的是前者。SD 卡的选择，可以适当结合素材的格式要求来进行。表 4－2 是常规的 SD 卡在不同文件格式下的存储时长对比。

表 4－2　SD 卡在不同文件格式下的存储时长对照表

存储视频的时长（分钟）			
SD 卡容量	4K 高清视频（MP4、MOV） 3 840×2 160，25fps	全高清视频（MP4、MOV） 1 920×1 080，24fps	高清视频（MP4、MOV） 1 280×720，24fps
128G	约 224	约 320	约 640
64G	约 112	约 160	约 320
32G	约 56	约 80	约 160
16G	约 28	约 40	约 80

（三）拾音设备

在视听节目创作过程中，拾音是非常重要的一环，在设备的准备环节，也必须对拾音设备足够重视。不管是单反相机还是摄像机，一般都带有随机话筒，这种话筒由摄像机供电，话筒的指向性不高，一旦拍摄环境中声源比较复杂，或是距被拍摄主体比较远，设备的拾音能力就会比较弱，音质也往往比较差。在一些纪实性非常强的节目中，往往需要准备外接话筒，这种情况下，就需要事先检查好外接话筒的工作状态。如果选用有线话筒，还要检查一下连接线的长度是否够用，话筒接口与摄像机的接口是否匹配，不匹配的话还需要准备转换接头。

随着技术的发展，无线话筒的价格逐渐下降，这使得无线话筒出现在越来越多的拍摄场合。由于无线话筒通常是用单独的电池供电，因此也需要事先准备足够的电池。

不管是外接的有线话筒，还是无线话筒，都需要预拍摄，监听一下拾音的效果，避免出现外接话筒故障，影响拾音。

（四）灯光等辅助照明工具

三次获得奥斯卡最佳摄影奖的摄影师维托里奥·斯托拉罗曾经说过，电影摄影是在胶片上“用光写作”，是“以光线书写的文学”。为了获得优质的影像，多数情况下需要配备照明工具，常规的照明工具有新闻灯、电瓶灯、反光板、灯架等。摄影师在出发之前需要试用照明工具，以保证其在拍摄现场能正常使用，在携带照明工具时，一般要带上长度足够的插线板及备用灯具，确保万无一失。

创作是细活，这里的“细”不是只存在于开机后的拍摄环节。拍摄前的准备工作越细致、充分，拍摄时就会越顺利。养成拍摄前开列设备清单的习惯，适当地运用悲观主义思维为可能出现的特殊情况做出预案，唯有如此，才有可能在下一步的拍摄中游刃有余，从容应对各种突发情况，圆满完成任务。

第三节 拍摄

做好充足的准备之后，接下来就是拍摄了。不管是选用何种设备的哪种机型，拍摄的基本程序、基本要求、注意事项都一致。

一 拍摄的基本程序

（一）安装电池、检查开关

开机前的第一步是安装电池，在安装电池时，通常听到“咔嚓”一声基本上就算安装好了。接下来是检查开关，主要是确认光圈、变焦、快门、增益、白平衡和声音控制等一系列的开关到底是在手动挡还是在自动挡，这两种挡位决定了不同的工作模式，因此在开机之前一定要确认好。

绝大多数摄录设备的开关机按键都设置在机身的左侧（见图 4－6），采用的英文标识是 POWER 或者 START/STOP，在标识附近一般有开关键。操作时，只要将电源开关置于“ON”的位置就可以开机，此时摄像机的各组成部分已经通电进入待机状态，打开镜头盖，就可以从寻像器上看到摄像机所拍摄到的景物。

图 4－6　摄录设备的开关键

（二）检查寻像器

开机之后的第一件事就是通过彩条去检查寻像器。寻像器在拍摄时是可以监看拍摄效果的，如果寻像器本身色彩有问题的话，那拍出来的画面和想要的画面之间就会存在差距。所以在正式开录之前，要按一下“colorbar”按钮，检查一下寻像器呈现出来的标准彩条是什么样的明亮度和色彩，以此来判断这个寻像器的可靠程度。

（三）设置滤色片和 ND 滤镜

大多数时候摄像机没有滤色片，只有 ND 滤镜。ND 滤镜的全称是 neutral density，即中性灰度滤镜，又叫中密度灰片。它其实就是一片有一定灰度的玻璃，可以把光线中的大部分光过滤掉，帮助光圈更自如地进行景深控制。使用 ND 滤镜仅仅是过滤强光，不会影响最终成像的色彩，更不会影响摄像机的白平衡和自动曝光。该键一般位于摄像机的左侧，会有“ND”的标识。图 4－7 中标示了索尼 FX6 的 ND 滤镜开关及调节按钮。

图 4－7　索尼 FX6 的 ND 滤镜开关及调节按钮

在室内拍摄时，ND 滤镜要处于“OFF”状态。在室内拍摄时，如果 ND 滤镜处于“ON”状态，摄像机的自动增益就会打开，导致画面噪点增加，画质变得粗糙。

在户外拍摄时，摄像师会让 ND 滤镜处于“ON”状态，然后根据环境光线的强弱进行 ND 滤镜挡数的选择。ND 滤镜的挡数是按照 2 的 n 次方来计算的，常见的挡数有 2、4、8、16、32、64、128、256……减一挡光，画面亮度会变为原来的 1/2；减两挡光，画面亮度会变为原来的 1/4。比如，ND4 是指画面亮度为原来的 1/4。

目前市面上一些新出现的高档摄影机都内置了无级可变电子 ND，可以对光线进行更加精细的把控。

（四）调整白平衡

为了保证记录下的彩色信号的准确性，摄像机必须保持规定的白平衡。什么是白平衡呢？最通俗的解释就是让摄像机拍摄到的白色所成的像依然为白色，如果摄像机拍摄出来的“白”是现实生活中我们看到的“白”，那么摄像机所拍摄的其他所有颜色都会接近我们在现实中所看到的颜色。摄像机内通常设有自动白平衡调整电路，以便使用时随时调整，保证对色彩的正确重现。常见的调整白平衡的方式有手动白平衡调整和自动追踪调整。

手动白平衡调整的操作并不复杂，找一张白纸或者一个白板，将其放置在拍摄现场，然后将镜头对准白纸或者白板，让它充满镜头画面，拨动白平衡调节开关“WB”向上按住，待“OK”字样出现，就说明白平衡已调好，并被自动记忆。

当拍摄从室内转向室外，或者从室外转向室内，光线变化比较快，来不及手动调整时，一般会选择自动追踪调整，这个时候只需要选择将白平衡开关（B/A/PRESET）置于预置（PRESET）上即可，机器会根据现场色温的变化自动将白平衡调整到合适的数值。

某些情况下，为了营造出特殊的效果，摄像师会刻意地制造偏色。比如为了营造恐怖的气氛，会让拍摄出来的画面偏红；为了表达怀旧的氛围，会刻意让画面偏黄；为了表达孤寂、冷清的感觉，会选择让画面偏蓝；等等。

（五）调整音频

声音的录制一直是拍摄环节中非常重要的部分，录制前一定要对音频进行调整。音频的调整主要是两个方面：一是调整音频电平，二是调整音频的输入通道。音频电平的调整有自动和手动之分，若选择手动，则只需调整音频电平控制钮，使音频电平表指针的峰值不超过 0dB；若选择自动，那么系统会自动调整进入话筒音源的平均电平，将过大的音源信号减弱，将过小的放大。音频的输入通道一般是两路。

（六）聚焦

绝大多数摄像师都采用特写聚焦法聚焦。具体操作如下：将镜头对准被拍摄对象，将焦距调整到最长；或者利用变焦杆，按住 T 键到底，镜头焦距由短变至最长，使被拍摄对象在镜头中显示为特写，然后微调聚焦环至最清晰状态，完成聚焦。

（七）录制

前六个步骤调试完毕，接下来就可以取景构图，开始拍摄了。只需要按下 REC 键，摄像机便处于录制状态，“REC”标志将在寻像器屏幕上闪烁，记录完成后再次按下 REC 键则表示记录结束，摄像机返回待机状态。

以上是拍摄的基本步骤，在实际的拍摄中，摄像师会按照自己的习惯或根据现场的情况做些许调整。摄像机有自动功能，选用自动挡，摄像机便可以自动调整光圈、自动白平衡、自动增益、自动中心重合、自动聚焦等，具有快速调整、操作简单的特点。但自动功能有一定的局限性，绝大多数专业的摄像师在拍摄时都会选用手动挡，以方便应对各种复杂的情况，保证拍摄的高质量完成。

二 拍摄的基本要求

要拍摄出优质的影像，提高有效镜头的比率，摄像师必须掌握拍摄的基本要领，理解拍摄的稳、准、平、匀等基本要求。

（一）稳

稳，就是拍摄出来的画面要保持稳定。稳定的画面是观众观看视听作品的一个基本要求，也是摄像师创作时的一个基本技术指标。那么，如何做到画面的“稳”呢？

1. 使用三脚架

三脚架是拍摄必备的辅助设备，一般是摄像机到哪儿，三脚架跟到哪儿。多数情况下，摄像机都会被固定在三脚架的云台上，摄像师会根据现场的环境，结合自身的身高，调节好三脚架的高度和水平角度。

拍摄固定镜头时，为了保证画面的稳定，按 REC 键时要轻，避免人为制造不稳定因素，尤其是拍摄长焦镜头时，更是需要小心翼翼，机身每一丝细微的晃动都会造成画面的抖动。为了保证画面的绝对稳定，很多摄像师在拍摄长焦镜头时会选择使用无线遥控，避免用力按键造成的不稳定。

拍摄运动镜头时，要注意云台的锁扣不要扣得太紧，太紧会导致摄像机上下左右运动不畅，使拍摄受到影响。

2. 持机拍摄

在一些纪实性非常强的节目中，为了记录的方便，摄像师会采用肩扛或手持摄像机的方式进行拍摄。这种情况下，要保持画面的稳定，持机的姿势非常重要。目前有两种常见的持机方式，即肩扛式和怀抱式。

（1）肩扛式。

当手持摄像机时，人体便是摄像机最好的支架。肩扛式分为站姿肩扛和跪姿肩扛。

站姿肩扛即站立拍摄，摄像机置于右肩。为了保证画面的稳定，摄像师需双脚打开与肩部同宽，脚尖向外分开，此时重心在两脚中间，肩部与双脚形成一个三角形。如图 4－8 中的 1 号图所示，摄像师右脸紧贴摄像机，夹紧双臂，右手主要用来操作电动变焦以及摄像机的启停，左手则放在聚焦环进行聚焦，也可以作为支撑点，保证摄像机的稳固。右眼贴近寻像器，进行取景和构图。左眼综观全局，观察周边动向。拍摄画面时，摄像师要注意保持呼吸的平稳，保持肩部和手臂的稳定性。进行摇镜头拍摄或俯仰拍摄时，要利用腰部和手臂动作来配合。

跪姿的拍摄往往是为了降低机位。拍摄时，摄像机放在右肩，左膝着地，右肘顶在右腿膝盖位置，为右肩提供一个支撑，左手扶住摄像机，以获得最佳稳定效果，如图 4－8 中的 3 号图所示。

（2）怀抱式。

为了降低机位，摄像师有时会采取怀抱摄像机的方式进行拍摄。怀抱式是指将摄像机抱在胸前，摄像机的尾部抵在胸前，形成一个较好的支撑。这种低机位的拍摄多数用在表现被拍摄对象的高大或纵深感的情况，如图 4－8 中的 2 号图所示。

当然，在任何时候，摄像师都应该为了加强拍摄的稳定性而寻找更加稳固的支撑，比如背靠墙壁、树干，依托桌子、沙发扶手等，如图 4－8 中的 4～8 号图所示。在持机拍摄时要遵循“走直线、腿弯曲、迈小步、腰放松”的要领，减少身体的起伏和晃动，以保证画面的稳定。

图 4－8　摄像师常规持机方式

（二）准

狭义的“准”指的是构图要准，广义的“准”是指被拍摄主体、范围、起幅落幅、焦距的变化、镜头的运动、色彩的还原、镜头的用光、画面内容的表达等都要准确。

拍摄中，第一个“准”是焦点要准。调焦的时候要保持画面的清晰，因为清晰度是视听节目制作的一个最基本的技术要求和技术指标。摄像师在对焦的时候，一定要反复地去调整，反复地去检查验证，保证焦点确实落在了被拍摄主体上。

第二个“准”是运动镜头的起幅和落幅要准，不要犹豫，不要游移不定。运动镜头的拍摄过程包含起幅、运动、落幅三个部分，起幅和落幅大都是固定镜头，要力争做到构图准确、曝光控制精准、表达内容无误。对于运动镜头而言，落幅通常是运动摄像的落点和重心，落幅画面中镜头的焦点、构图要恰到好处，任何在落幅之后的构图修正，都会明显地在画面中体现出来，给观众造成一种模棱两可的印象。

（三）平

“平”是指所拍摄画面中的地平线一定要与取景框的水平边框保持平行，拍摄时可以以寻像器的边框为参照，画面中的水平线与寻像器的横边平行，垂直线与寻像器的竖边平行，这样拍出来的画面就是横平竖直的。如果画面歪斜了，就会使观众产生错觉。

如果使用三脚架，则可以利用三脚架的水平仪来做监测。只要使水平仪中间的气泡位于最中央的小圈里，拍摄出来的画面就是水平的。

“平”是为了还原现场，体现真实感。有时候为了表达的需要，摄像师会打破平衡，刻意制造倾斜，比如表现混乱的场景、酒醉者的主观镜头等。在一些娱乐节目中，为了制造视觉突出的效果，也会故意使用倾斜的构图，这另当别论。

（四）匀

“匀”是指运动镜头的速率要匀，不能忽快忽慢，无论是使用推、拉、摇、移还是其他技巧时，都应当匀速进行。镜头的起幅和落幅应该缓慢，不能操之过急，被拍摄对象的运动必须是匀速的，不能忽快忽慢。

当然，有时候为了表达一些反常规的画面，会使用到急速的推、拉、摇、移、跟、甩镜头。在综艺节目中，为了搭配现场气氛或者表现音乐的动感，还会使用连续的猛推、猛拉。

三 拍摄的注意事项

（一）提前录制，延后关机

“提前录制，延后关机”是一个聪明的做法。经验丰富的摄像师都会在现场尽可能多拍摄一些画面，以获取更丰富的素材，方便后期剪辑，对于单个镜头的拍摄而言更是如此。

所谓的“提前录制”是指拍摄前应该尽量提前录制 5～10 秒。不要小看这 5～10 秒，它既可以保证声音收取方面的全面性，又可以为后期的剪辑留下余地，方便后期设置剪辑点。在现场新闻主持或是拍摄演员有台词的微电影的时候这一点尤为重要，经验丰富的摄影师一般都会先开机，等机器转了 3～5 秒之后，再示意被拍摄者录制开始了。如果没有这一步骤，很有可能会出现被拍摄者开始说的第一两个字或者前半句话没有被录到，这会给后期留下一个巨大的麻烦，缺失了一两个字或半句话，观众听起来会非常不舒服。

“延后关机”是指在拍完一个镜头时不要马上停机，要多录 3 秒以上，这也是为了给后期剪辑留足时间，方便进行剪辑出点的设置或者特技的编辑。

（二）多拍一些镜头

拍摄时一定要有意识地拍摄环境镜头和空镜头。很多新手在拍摄时往往只关注有实际内容的场景和声音，拍摄的景别也大多以中景、近景为主，这样会导致后期剪辑时因为缺镜头而无法实现顺畅的表达。在任何一个场景里，都应该适当地拍摄全景、特写，适当地从不同角度、不同的景别去记录。

尤其是一些交代环境的镜头，一定要拍全景、特写，必要时为了体现作品的宏大气势，还可以拍摄远景、大远景，使用无人机航拍。不同角度、不同景别的镜头搭配，能够更好地帮助观众建构起对环境的认知，为后期剪辑提供更多不同风格的可能性。比如电影《罗拉快跑》中有一段表现罗拉急速奔跑的片段，这个片段包含了各种各样的镜头，有近景、中景、远景镜头，有正面镜头、侧面镜头，甚至有复杂的升降镜头，为后期剪辑提供了丰富的素材，有利于展开无限的创作。

（三）及时排查故障

在拍摄过程中还要注意及时发现设备的故障，除了进行画面的监看之外，还要特别重视监听。另外，拍摄中如果发现画面中有红色信号闪烁，那是设备在报警，一定要充分重视，有必要停机回放素材，检查设备，排查故障。

（四）确保拍摄安全

拍摄过程中一定要确保自己和他人的安全。在拍摄现场，摄像助理要对操机的摄像师进行必要的保护，要时刻提醒摄像师注意安全，做摄像师的第三只眼睛。特别是当摄像师在移动拍摄时，摄像助理要留意并提醒摄像师身后有没有人、地面是不是平整，主动帮助摄像师清除移动过程中的障碍，确保拍摄安全。

第四节 设备的维护与保养

不管是胶片摄影机、摄像机还是单反相机，都是精密仪器，价格虽然有高低之分，但总体而言都不便宜。对于摄像师而言，摄录设备就是打仗的武器，只有平日精心对待、妥善维护，真正使用的时候才会得心应手。

一 盖好镜头盖

摄像机的镜头是精密光学和精密机电相结合的高科技机电一体类光学设备，各部件不仅加工精度高，而且装配精度也高。镜头使用的玻璃是一种专用的超低色散、高透光率的萤石光学玻璃，质地较软，表面镀有多层镀膜。镜头的光学部分通常是由多组多片的光学玻璃组成的。摄像机最前面的一个镜片，由于直接暴露在外，很容易因沾上灰尘、水渍、手印等而受到损伤，影响成像质量，因此是最需要保养呵护的。

镜头盖是保护镜头不受损伤的最实用的工具。镜头盖可以防止灰尘、细砂、丝状物等进入镜头，能防止异物接触镜片、划伤镜片。养成及时盖好镜头盖的习惯是保护镜头的有效措施之一。

二 避免强光和高温

使用摄像机进行拍摄时要尽量避免强光直接照射和高温环境。一般来说，摄像机的正常使用温度是−10℃～40℃，温度过高、过低都有可能导致机器无法正常工作。

摄像机的镜头和人眼非常相似。长时间处于强光环境下，人会感觉刺眼，甚至发生暂时性失明，盛夏时节人眼长时间直面正午的太阳会被灼伤，摄像机也是如此。为了延长摄像机、单反相机的使用寿命，拍摄时不要直接拍摄太阳、光线刺眼的物体以及其他强烈光源，尤其不要把镜头长期对着太阳。不管是摄像机镜头还是单反相机镜头，它归根结底是一个凸透镜，很容易凝聚平行光线，在机身内部形成一些高温小点，从而烧毁电子元器件。

在夏季进行户外拍摄时，摄像师一般会避开高温时段，选择在上午九点之前、下午四点以后完成拍摄。如果遇到特殊情况必须在高温时段拍摄，有经验的摄像师会随身携带一条白毛巾，把白毛巾搭在摄像机上，替摄像机遮阳，避免高温导致摄像机发热受损。

三 防潮

摄像机在相对湿度为40%的环境里寿命最长，所以使用和保存摄像机的环境湿度最好保持在40%左右。如果镜头受潮，镜筒里面的镜片就会发生结雾现象，镜面很容易因此变质，在镜片中间的胶合层上也会生成霉斑，严重干扰成像。

在雨天或潮湿的环境中使用摄像机时，要有防雨措施。下雨天通常会用摄像机雨衣，防止设备淋湿。图4-9是摄像机专用雨衣，对镜头和机身都有很好的保护作用。

使用摄像机后要及时将镜头上的水珠或湿痕擦拭干净并风干（不要使用电热吹风机），保持设备干燥。

长时间不使用设备时，摄像器材最好放置在干燥的箱子内。

四 远离磁场

摄像机是电子技术与光学技术相结合的高科技设备。摄像机的摄像部分利用的

图 4－9　摄像机专用雨衣

是光电转换原理，录像部分利用的是电磁转换原理，强磁场和强电场都会影响其性能的正常发挥，极易造成图像畸变、伴音失真，严重时甚至导致设备罢工，造成不可逆的损伤。摄像机在工作和存放期间应远离电视机、电磁炉等强磁性物体或能产生强电磁感应的物体，也应尽量远离广播发射站、电视台发射天线、变电站、变电箱、变压器等。

五　电池的保护

摄录设备的电池安全也是非常重要的。电池在过高或者过低的温度下，电量透支会非常快，因此在极端高温或低温天气的户外拍摄中，要尽量多备几块电池，还要特别注意电池在极端情况下会因变形而发生化学液体渗漏，渗漏的液体会直接伤害到摄像机本身。

六　采用正确方式清洁设备

当镜头表面沾上指印、灰尘、水渍等污迹，尤其是油污、酸液、盐雾等腐蚀性液体时，就需要对镜头进行清洁保养。清洁镜头要使用专用的工具：吹气球、软刷、镜头纸（或麂皮布）、镜头清洗液、纱布等。图 4－10 是常见的镜头清洁套装。

清洁镜头的原则是：先吹、再刷、最后擦，能不刷就不刷，能不擦就别擦。这样操作的目的是尽量减少镜头损伤。

图 4－10　镜头清洁套装

镜头表面的镀膜非常娇气，如果直接用镜头纸进行擦拭，灰尘颗粒就会在纸与镜头镀膜之间摩擦，损伤镜面上的镀膜层。正确的做法是使用专用的吹气球，从镜面中央向边缘吹，将灰尘吹出。捏吹时吹气球要与镜面保持一定的距离和角度，能将灰尘吹出即可，不必过度用力。注意不要使吹气球的气嘴碰到镜面，以免划伤镜片。

当镜头上存在吹不掉的灰尘时，可以使用专业的清洁刷。使用时要注意固定地从一个方向向另一个方向刷，切不可漫无目的地来回刷，这样不仅无法清除灰尘，还可能把灰尘刷得到处都是。刷的时候动作要轻柔，不可碰伤镜面。对于镜筒和伺服箱的清洁，要用刷子轻轻刷掉间隙中的灰尘，然后用柔软、干净的麂皮布擦拭干净。

如果镜头沾染了指印、水渍、油迹等，不能用纸巾或者一般性的软布擦，而要用柔软、专用的镜头纸蘸上镜头清洁液轻轻擦拭，切忌采用酒精加餐巾纸的方式擦拭，这样很容易损坏镜头表面的镀膜。

【扩展资源】

1. 教学视频：常见的摄录设备介绍（扫描下方二维码观看）

2. 教学视频：摄像机的使用禁忌（扫描下方二维码观看）

3. 教学视频：拍摄内容的获取要求（扫描下方二维码观看）

4. 网络学习视频：索尼 FX6 全画幅电影摄影机使用教程

https：//www. bilibili. com/video/av332273148/

https：//www. bilibili. com/video/av887282965/

【思考与练习】

1. 胶片摄影机、摄像机、单反相机在摄像功能上有何差异?

2. 拍摄的基本程序有哪些? 请在实践中对照拍摄基本程序演练一遍，记录下自己的体验和感悟。

3. 联系专业老师，了解学校中的摄像机，仔细阅读使用说明书，了解其基本特点。

【实践项目】

1. 如果学校有一台迎新晚会需要进行现场录制，请你结合学校和周围同学的设备情况，组建摄制组，并且拟定晚会录制的设备清单。

2. 用手机为自己的校园拍摄一个 3 分钟左右的风光 Vlog。

3. 尝试为摄像机、单反相机、手机等进行一次彻底的清洁。

可参考下表形式对实践项目进行考核评价。

实践项目考核评价表

<table>
<tr><td>任务</td><td colspan="4"></td></tr>
<tr><td>创作方式</td><td></td><td>姓名</td><td colspan="2"></td></tr>
<tr><td>具体内容</td><td colspan="4"></td></tr>
<tr><td>成果表现形式</td><td colspan="4"></td></tr>
<tr><td>实践小结</td><td colspan="4"></td></tr>
<tr><td>自我评价
（满分 30 分）</td><td colspan="2">1. 实践态度（10 分）
2. 解决现实问题的能力（20 分）</td><td>评分</td><td></td></tr>
<tr><td>学生互评
（满分 30 分）</td><td colspan="2">1. 协调能力、组织能力评价（15 分）
2. 实践小结完成度（15 分）</td><td>评分</td><td></td></tr>
<tr><td>指导老师评语与评价
（满分 40 分）</td><td colspan="4">总分：</td></tr>
</table>

第五章

新兴设备拍摄技术精讲

【学习目标】

1. 掌握手机构图、拍摄技巧。
2. 熟悉无人机飞行的安全知识和规章制度。
3. 掌握无人机拍摄的基本技术。

第一节 手机拍摄

随着手机的摄影功能越来越成熟，录制视频并进行分享已成为人们日常生活的一部分。手机拍摄的视频质量大幅提高，人们利用手机软件制作视频也成为可能。随着社交媒体的兴起，短视频越来越流行，手机拍摄也逐步渗透到大众创作之中。本节聚焦手机拍摄设备和辅助器材的选择，介绍手机拍摄的构图技巧和拍摄技巧，展现手机拍摄的魅力，期望帮助大家提高新媒体视听节目制作水平。由于能够用于拍摄视频的手机都为智能手机，本节所提到的“手机”均指智能手机。

一 拍摄手机的选择

随着手机行业的发展，手机型号和品牌越来越多样化，选择一款适合拍摄的手机至关重要。硬件、软件都是选择手机时必须考虑的因素。

（一）影响手机拍摄质量的硬件因素

手机拍摄的素材的质量取决于多方因素的综合影响，但主要与手机镜头的光学性能感光元件有关，主要有以下几项：

1. 传感器

传感器是摄像头最核心的部分，用来将光学影像转换成电子信号。我们可以把传感器看作传统相机所用的胶片，虽然两者原理不同，但在设备整体中所扮演的角色还是比较相似的。传感器主要有两种，即第四章中提到过的 CCD 器件和 CMOS 器件。CCD 器件不会像 CMOS 器件那样受噪点的影响，但是 CCD 器件价格昂贵且更耗电，所以手机采用的都是 CMOS 器件。CMOS 最核心的参数就是尺寸大小，专业用语叫画幅。传感器画幅的尺寸越大，能够接收的光线越多，感光性能越好。图 5－1 为手机摄像头传感器。

图 5－1 手机摄像头传感器

2. 镜头

镜头是手机拍摄的关键部件，是影响视频质量的主要因素。单摄像头时代，镜头焦距固定，采用的是数码变焦。数码变焦就是增大画面每个像素的面积以达到变焦效果。现在的手机常配有多个镜头，三摄、四摄手机已经是标配（见图 5－2），这些镜头都具有不同的焦距，每个镜头的拍摄效果也不同。而现在更常见的是混合变焦和光学变焦。混合变焦是指在两个镜头之间切换时，两个镜头的传感器中的像素会被混合，通过插值计算创建一个混合图像；而光学变焦是指通过移动镜头里镜片的方式放大或缩小需要拍摄的景物，实际的变焦倍数需要根据镜头、物体与焦点三方的位置确定。大家在选择手机时要注意区分，按实际要求选择能够满足自己拍摄需求的手机。

图 5－2　手机拍摄的关键部件——镜头

3. **像素**

虽然像素不是决定手机拍摄质量的唯一因素，但是是一个极其重要的因素。拥有高像素的手机可以拍摄并输出更高质量的视频，后期剪辑中，高像素视频可操作的空间会更大一些；但高像素视频素材占用的手机内存会比较大，传输时也会耗费更长的时间。

4. **光圈**

镜头的光圈值一般用 f/表示，f/的数值越小，代表光圈越大，也就更易于进行虚化背景的操作。在拍摄一些人像时，使用大光圈更容易将被拍摄主体拍得唯美清新。另外，如果在弱光环境下拍摄，大光圈可以获得更高的快门速度，快门速度的增加有利于手机防抖。

5. **图像处理引擎**

大家会发现，有些手机打着好几千万高像素的旗号，拍摄效果却和一些像素只有几百万的手机差不多，甚至色彩还不如后者。这与不同品牌手机内置的图像处理引擎相关，好的手机图像处理引擎除了可以带来更优的画面品质外，还可以延伸出很多实用的拍照功能，比如人像美颜、慢门的拍摄、弱光夜景的拍摄等。

不同厂商推出的手机，在算法上也各有特点，同一个传感器，在不同的算法下差异很大，拍摄也不同。如图 5－3 所示，左一为手机低曝光拍摄效果，中间为手机高曝光拍摄效果，右一为手机 HDR（高动态范围）图像合成拍摄效果。很明显，经过 HDR 算法优化的照片更好看、更自然。

图 5-3　不同算法的拍摄效果对比图

（二）影响手机拍摄质量的软件因素

关于影响手机拍摄质量的软件因素，主要在于手机系统的选择。不同的手机系统，所获得的软件支持是不同的，早期的手机主流系统有塞班（Symbian）、黑莓（BlackBerry）、Windows。但是随着苹果公司推出 iOS 系统，以及谷歌（Google）公司安卓（Android）手机操作系统的面世，手机市场的份额迅速被这两个系统瓜分。目前市面上绝大多数的手机视频剪辑软件，都能在这两个系统中运行。

1. iOS 系统

iOS 是由苹果公司开发的移动操作系统，苹果公司最早于 2007 年 1 月 9 日的 Macworld 大会上公布了这个系统。最初 iOS 是给 iPhone 设计的，后来陆续套用到了 iPod touch、iPad 上。由于苹果手机内置的拍摄硬件在同类手机产品中一直名列前茅，因此它拥有出众的画面色彩与极强的镜头捕捉能力，这让摄影爱好者们对苹果手机爱不释手。除此之外，iOS 的相机功能还将所有的拍摄模式置于显要位置，包括照片、视频、全景模式和新增的正方形模式。轻扫一下屏幕，用户就能以喜欢的方式拍摄想拍的画面，瞬间即成。而全新滤镜可以让用户更好地享受每段视频带来的乐趣，用户可以为视频增添复古味道，也可以感受黑白魅力，尽情挥洒艺术创意。

2. 安卓系统

安卓是一种基于 Linux 内核的自由及开放源代码的操作系统，主要使用于移动设备，如智能手机和平板电脑。市面上大部分手机都使用安卓系统，因为这个平台具有开放性，它允许任何移动终端厂商加入安卓联盟，所以在安卓系统中，用户能够下载到非常多的视频处理 App，而且许多 App 都是免费的。虽然安卓系统的手机有更多的视频后期软件，但这并不能说明安卓系统的手机更适合拍摄。

总之，选择安卓系统还是 iOS 系统，最终要根据个人使用习惯和预算而定。不同品牌、不同价位的手机，视频拍摄效果和质感是不一样的。在进行竖屏拍摄时，为了保证作品质量，应尽量选择价位高、性能好的手机，拍摄格式选择高清及以上，以争取在后期制作的时候拥有更多的调整余地，保证视频作品的质量。

二　手机拍摄辅助器材

由于手机体积较小，在拍摄稳定方面离专业摄录设备有一定差距，因此为了更好地保证手机创作的质量，准备一些辅助器材显得尤其重要。接下来我们将列举一些手机拍摄必备的辅助器材。

（一）手机辅助镜头

手机辅助镜头主要包括广角镜头、长焦镜头、鱼眼镜头、微距镜头、全景镜头、变焦镜头、滤镜镜头等，其中 Olloclip 手机“外挂”镜头算是典型代表。Olloclip 推出了一个新的通用镜头系统，可以被安装在大多数手机上。如果用户想要鱼眼镜头、广角镜头、全景镜头和其他易于更换的镜头，Olloclip 的新系统比其他大多数系统更具灵活性和方便性。例如，全景镜头的使用，对视听节目创作者来说非常实用，图 5－4 是两种镜头拍摄效果的对比，左侧为全景镜头拍摄效果，右侧为普通镜头拍摄效果。

图 5－4　全景镜头（左图）与普通镜头（右图）拍摄效果对比

（二）手机稳定器

从手机、运动相机到专业相机、摄影机，当你的设备缺乏防抖系统而你又想让画面非常稳定时，稳定器就是必备品了。手机稳定器可以使拍摄画面更加平稳，消除频繁抖动所带来的视觉疲劳。使用手机稳定器拍摄出来的画面平稳丝滑，有利于观众更好地欣赏画面内容。

如何挑选手机稳定器呢？这里我们结合实际情况给大家一些参考意见：

1. 手机稳定器选购主要参考因素

在图 5－5 列出的六大参考因素中，要特别注意手机稳定器操控性和 App 操控性。手机稳定器操控性上，主要应考虑横竖切换、前后切换、遥感控制、变焦控制、调平方式等；App 操控性方面则主要考虑延迟是否严重、画质如何、是否支持原生相机等。

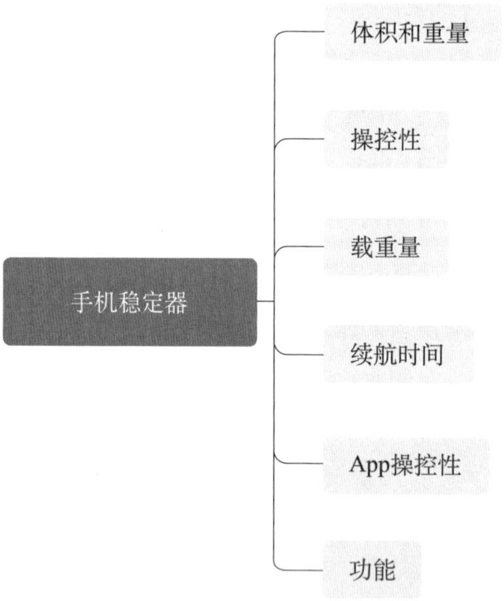

图 5－5　手机稳定器选购参考因素

2. 几款主流手机稳定器推荐

目前市面上手机稳定器的品种繁多，良莠不齐。我们结合绝大多数手机摄影发烧友的经验和市场反馈，为大家推荐几款常用的手机稳定器。

（1）大疆 OM5 灵眸手机云台。大疆 OM5 采用可折叠设计，折叠后仅手掌大小，口袋、坤包都能放；内置延长杆，自拍时画面能装下更多被拍摄主体，也能低视角跟拍萌宠等小型运动物体，轻松斩获贴地画面；磁吸、手势控制等功能让用户在日常记录生活时感到顺手。

（2）魔爪 NANO SE 智能自拍杆。魔爪 NANO SE 智能自拍杆主体部分采用高分子材料制作而成，嵌入遥控器部分则使用了橡胶材质，仅重 250 克，轻巧便携，可承受手机最大重量为 280 克。区别于传统自拍杆，魔爪 NANO SE 在小巧便携、折叠伸缩、遥控拍摄等特点的基础上，增加了智能防抖电机，以“既是稳定器又是自拍杆”的全新产品形态，精准满足了当下用户照片拍摄和视频拍摄的双重需求。

（3）智云 SMOOTH-Q3。智云 SMOOTH-Q3 采用滑槽三轴结构设计，能够带来稳定顺滑的视频成像，让画面随心而动。视窗式按键布局方便单手操作。其中的集成、独立、触控式三挡补光灯可前后 180 度翻转，辅助暗光场景拍摄。手机取景视窗内，单击按键即可智能触发自动识别和跟踪功能，物体与人物都可锁定拍摄。无论是聚会、自拍还是录视频，一个简单手势就能开启设备。智云数字系列是真正面向专业拍摄的产品，表现非常优秀，满足了追求轻便拍摄的消费者的需求，对专业拍摄有很强的辅助作用。

（三）手机外置补光灯

手机外置补光灯主要针对拍摄时的弱光环境，多数都可以使用免费应用程序与手机进行连接，在手机上进行开灯、关灯等操作，也可直接手动控制。手机外置补光灯能在光线不足的情况下辅助拍摄，效果出众。同时，补光灯内置充电电池，并不会消耗智能手机的电量。

三 手机拍摄构图

构图是指对一个画面中的各种因素进行处理和安排，并将其有机组织在一个画面上，使之形成统一的整体。对摄影师来说，构图是将自然界的“形”变成艺术的“形”的过程中不可或缺的重要环节。在抖音、快手等短视频平台，手机拍摄多以竖屏为主，拍摄画面是纵向的，因此要特别留意构图。

拓展阅读：手机拍摄的几种主要构图法

学会了构图原理，并不等于能拍出优秀的作品，在熟练掌握了构图的基本原则后，还需要下苦功练习，这样在拍摄时才能得心应手。不管用什么办法练习，只要持之以恒，练得久了，各种各样的构图就会在脑子里留存下来。当你置身拍摄现场时，相应的构图就会自动跳出来供你选择，这就是勤于练习的结果。

由于拍摄者的艺术修养不同，观察事物的角度不同，因此创作出来的作品也是变化不一的。客观法则是不能违背的，但懂法则的人不会被法则束缚。只有这样才能做到不同风格、不同张力地表现自我，表现艺术风格，才能真正做到“卓尔不群”。

四 运动摄像在手机拍摄中的运用

所谓运动摄像，就是在一个镜头中通过移动手机机位、改变拍摄方向和角度以及变化镜头焦距进行的拍摄，包括推、拉、摇、移、跟、晃和综合运动摄像等。通过运动摄像拍摄到的画面，称为运动画面。

（一）运动摄像的关键点

手机运动画面的拍摄比固定画面的拍摄要复杂得多，因此在进入现场拍摄前应很好地琢磨一下，对如何连续构图、景别如何变化、景物的活动范围和位置、前景和背景如何配置、影调和色调如何安排与衔接以及拍摄时可能出现的问题等，都要事先进行妥善安排和处理。运动摄像中，有以下两个需要特别关注的关键点。

1. 运动的速度

速度决定着节奏，拍摄节奏应根据主体的需要，服从于生活规律。比如，表现看展览会、游览名胜景点时，手机的移动速度必须放慢，以看清景物；表现争斗的场景时，节奏就应相应地快一些，给人一种紧迫感，但画面不能一直动，否则观众会受不了。应当学会使用动静结合、快慢结合的方法。

2. 起幅和落幅

运动画面的拍摄过程分为起幅—运动—落幅三部分，起幅和落幅是画面的起始点和结束点。一般来说，起幅是运动镜头开始的画面，是起因；而落幅是运动镜头结束的画面，是结果。通常起幅画面不是最主要的，运动的过程是观众的理解过程，而运动结束的落幅画面是主要的，它能给观众结论。一般情况下，拍摄的素材都要为后期剪辑留有足够的调整余地，即起幅、落幅都必须有足够的时间。起幅应保留 5 秒，落幅也应保留 3～5 秒。这个总长度是后期剪辑时可以自由调整的范围。

（二）运动镜头的操作技巧和拍摄方法

凡是运用运动摄像拍摄的镜头，统称为运动镜头。运动镜头千变万化，但具体的拍摄方法不外乎以下几种。

1. 手机推镜头

手机推镜头是指被拍摄主体位置不变，通过手机由远及近向主体推进拍摄的镜头。手机向前推进时，被拍摄主体的主要部分在画面中逐渐变大，次要部分在画面中逐渐消失，从而将观众的注意力引导到所要表现的重点部位。手机推镜头具有一定的强制性。

在实际拍摄中，推镜头既可以借助手机稳定器控制手机向前推进；也可采用变焦镜头，使镜头由短焦距变为长焦距，模拟出推的效果。但是，同机位向前移动和用变焦距手法获得的推镜头的效果是不尽相同的。

手机推镜头的拍摄要特别注意以下两点：

（1）推镜头应该有明确的推进目标和落幅画面。在推镜头的起幅、推进、落幅三个部分中，落幅画面是表现重点，因此落幅应保证稳和准。

（2）推进过程中要使被拍摄主体始终处于中心轴线上，即始终注意保持主体在画面中心，以保证画面的稳定感，增强艺术效果。

2. 手机拉镜头

手机拉镜头与推镜头正好相反，即被拍摄主体位置不变，手机由近及远逐渐远离。这是一种使画面构图由小范围景别向大范围景别连续过渡的拍摄方法，画面由局部扩大到整体，背景空间越来越大。拉镜头的画面语言相当丰富，给人以扩展、开阔、深邃的感觉。

手机拉镜头的拍摄要注意以下三点：

（1）要保证起幅的稳定性，因为起幅往往是近景或特写，稍有抖动，画面就会摇晃得相当明显。

（2）注意画面主体与周围景物的比例关系，要避免在拉的过程中因画面构图不合理而使画面结构失调。

（3）在拉的过程中要保证被拍摄主体在画面中心，避免因主体位置和周围景物变化而造成画面的不稳定感。

3. 手机摇镜头

手机摇镜头是指保持手机位置固定不变，在摄像景别不变的情况下，通过改变手机拍摄方向拍摄的镜头。摇镜头的效果就像生活中人们转头环视四周，能把内容表现得有头有尾，一气呵成。

手机摇镜头的拍摄要特别注意以下四点：

（1）必须注意手机机位和角度，被拍摄主体不宜太高，若拍摄人物，手机的高度一般不超过人物头部，否则难以突出正面形象。

（2）室外拍摄时，要考虑光线的方向、阴影等因素的影响，在大型场景中拍摄摇镜头时，手机应置于场景中央和被拍摄主体正面，以保证画面的稳定。

（3）摇摄速度根据观众是否可以看清画面内容来确定。例如，在画面中直立物体较多的情况下，摇镜头时应注意速度不能过快，否则会产生“频闪现象”。

（4）摇镜头时，镜头的运动轨迹以摄像师的立足点为中心，呈水平弧线，这样镜头才能平稳。拍摄时要注意画面中的被拍摄主体在运动过程中始终保持平移和居中状态。起幅和落幅要注意画面构图，而摇的过程中画面构图可以不完整，这样更富于真实感。

4. 手机移镜头

手机移镜头是指拍摄过程中手机的位置发生变化，边移动边拍摄的镜头。它比推、拉、摇镜头更能有效地表现空间和灵活地进行场面调度。

手机移镜头拍摄需要注意以下三点：

（1）横移镜头一般不宜展示远距离的事物，不能像摇镜头那样通过改变方向展示广阔的空间，但适合于逐一展示近距离的事物。

（2）运动摄像时，保证手机能平稳、均匀地运动，是获得理想画面的前提。

（3）移镜头主要用于表现人与物、人与人、物与物之间的空间关系，或者逐一展示事物。

5. 手机跟镜头

手机跟镜头是指手机始终对准运动着的被拍摄主体，使同一主体一直保持在画面中的镜头。跟摄时手机的位置可以变化，也可以不变。

手机跟镜头的拍摄注意事项有以下两点：

（1）为保持画面稳定，在跟摄过程中必须使用手机稳定器。

（2）跟摄的过程中要尽量保持画面中被拍摄主体的大小变化不大。

6. 手机晃镜头

手机晃镜头是指拍摄过程中，在手机机身做上下、左右、前后摇摆的情况下拍摄的镜头。“晃”在通常情况下是摄像操作中的大忌，但有目的的“晃”同样也是摄像技巧之一。特别是用作主观镜头时，晃镜头对创造特定的艺术效果和气氛具有独到的作用，在具体应用中应依据晃动的目的灵活选用。

7. **手机综合运动镜头**

手机综合运动镜头是指在一个镜头中把推、拉、摇、移、跟、晃等多种运动摄像方式进行综合运用的镜头。按呈现方式的不同，其可以分为三类：先后方式的综合运动镜头，如先推后摇、先拉后摇等；包容方式的综合运动镜头，如移中带推、边移边推等；以及对前两种方式的综合运用。

第二节 无人机拍摄

本节内容是艺术创作与实践技术相结合的，介绍了无人机的飞行安全注意事项与规章制度，无人机飞行技巧和使用无人机航拍时的拍摄技巧。

在民用无人机航拍领域，大疆无人机一直处于领先地位。目前，大疆产品占据了全球 80%的市场份额，占国内市场份额的 70%，在全球民用无人机企业中排名第一，如图 5－6 所示。

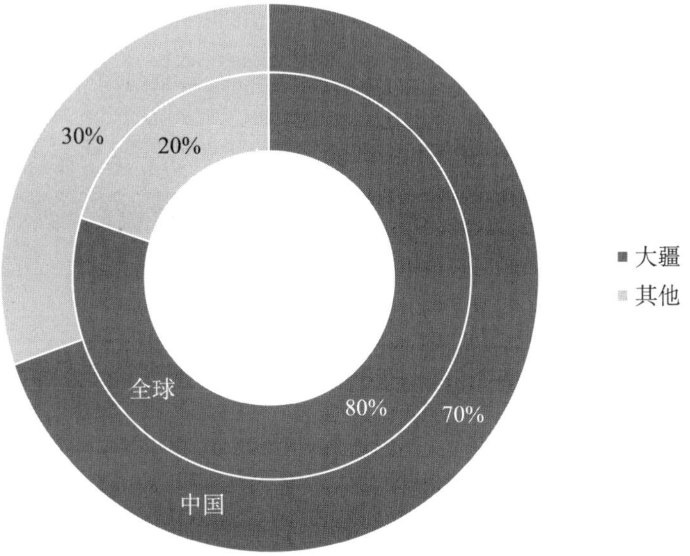

图 5－6 大疆无人机产品在全球及中国的市场份额

资料来源：全球民用无人机企业第一：市场份额超 80%，预计年营收超 1 700 亿！[EB/OL].（2021－12－03）[2023－04－20]. https：//t. cj. sina. com. cn/articles/view/7495285239/1bec0f9f700101jhcu.

大疆以消费级无人机起家，随后逐渐扩展应用领域。目前，消费级无人机仍是大疆的主要收入来源，在其总收入中占据超80%的比重。消费级无人机主要应用于航拍、灯光秀等场景，其中航拍是无人机应用最多的领域。因此，本节以大疆系列无人机为范例，详细讲解无人机的使用规则和拍摄技巧。

一 无人机飞行安全注意事项与规章制度

作为一种小型飞行器，无人机的操作安全需要制度性的保障，在这一部分我们将向大家介绍一些原则性的无人机飞行安全注意事项与规章制度。

（一）无人机飞行安全注意事项

1. 飞行安全的定义

飞行安全是指航空器在运行过程中，不出现由运行失当或外来原因造成的航空器上的人员伤亡或者航空器损坏的事件。事实上，由于航空器的设计、制造与维护难免有缺陷，其运行环境包括起降场地、运行空域、助航系统、气象情况等又复杂多变，机组人员的操控也难免会出现失误，完全杜绝飞行事故是不可能的。正因如此，强调飞行安全的注意事项就显得更为必要。

2. 飞行前注意事项

（1）飞行前进行全面的设备检查。

（2）确保设备电量充足。

（3）飞行前应从地图上对飞行区地形和地势有一个初步的了解，选择一个开阔无遮挡的场地进行飞行。飞行时请勿超过120米的安全飞行高度。

（4）确保无人机在视线范围内飞行，时刻保持对无人机的控制。

（5）在GPS信号良好的情况下飞行。

（6）遵守当地法律法规（不要在禁飞区飞行，如机场附近、测试基地周边等）。

3. 对无人机的检查事项

（1）部件的衔接是否牢靠（检查螺旋桨和电机是否安装正确和稳固，并确认正旋和反旋螺旋桨安装位置正确）。

（2）检测时切勿贴近或接触旋转中的电机或螺旋桨，避免被割伤。

（3）机载设备是否工作正常，遥控器、电池以及其他所有部件是否供电量充足。

(4) 对遥控器的检查：检查遥控器操控模式（美国手、日本手、中国手等）、信号连接情况、电量是否充足、各键位是否复位、天线位置等。

(二) 无人机飞行安全规章制度

(1) 无人机的安全飞行高度最高为120米。

(2) 在飞行中要保证无人机在可控范围之内，不能超过无人机的遥控传感距离。

(3) 严禁侵占军用和民用航线，威胁航空安全。载人飞行器拥有自己的既定航线，无人机是绝不能进入和干扰的。

(4) 严禁在大型广场或节假日人群聚集区域的上空飞行。

(5) 严禁在机场禁飞区及周边飞行。

禁飞区，从字面上理解就是禁止某种飞行器飞行的区域。对于法律明文规定的永久性禁飞区，我们可以在飞行软件中进行查询，也可以通过大疆官网来查询，进入大疆官网后，在“服务与支持”里选择“飞行安全指引”选项，就可以进行禁飞区查询。

二 无人机飞行技巧

(一) 无人机遥控器解析

无人机遥控器，作为飞手操控无人机的工具，可谓是非常重要的。而随着无人机的发展和进步，配套的无人机遥控器也在进行相应的改进。接下来，我们以大疆无人机精灵4遥控器（美国手）为例（见图5-7)，对遥控器的基本操作进行讲解。

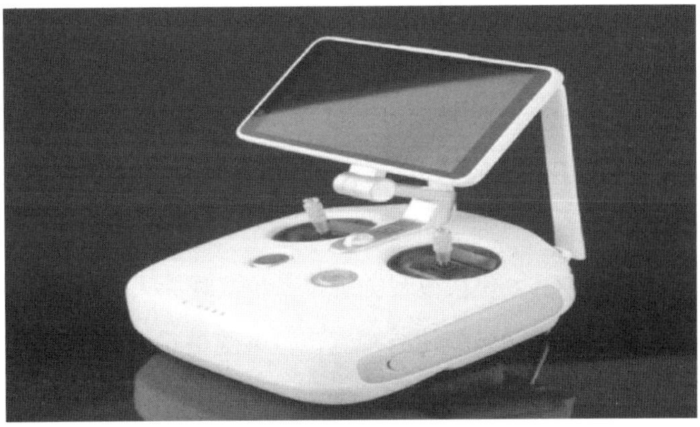

图5-7 大疆无人机精灵4遥控器

1. 遥控器基本术语

（1）航向：控制飞机左右旋转。

（2）横滚：控制飞机左右移动。

（3）俯仰：控制飞机前后移动。

2. 无人机遥控器正面基本按键详解

（1）移动设备支架：用于夹持移动设备，可伸缩调节。

（2）移动设备：现在主流的苹果手机、安卓手机和小型 iPad 基本都可使用。

（3）天线：遥控器的天线既可以发送遥控信号给飞行器，又可以从飞行器接收相机的图传信号。

（4）充电口：专业版遥控器内置 6 000mAh 大容量锂电池，可通过无人机自带的充电器充电。

（5）智能返航键：按下此键可使无人机自动返回到返航点。

（6）电源开关：可以开启和关闭遥控器，并能帮助查看遥控器的电量。

（7）电量显示灯：此四个绿色小灯可显示遥控器电量，满电时四个灯全亮，电量减少时小灯从右侧开始一个个由常亮变为闪烁继而熄灭。当电量耗尽时，四个小灯全部熄灭。

（8）遥控器状态显示灯：遥控器状态显示灯可通过不同的颜色与闪烁频率显示遥控器信号的收发状态。

（9）摇杆：遥控器有左右两个摇杆，可用 DJI GO（大疆无人机的配套 App）分别赋予它们不同的功能，共同操控无人机的启停和飞行。

3. 无人机遥控器背面基本按键详解

无人机遥控器背面的基本按键如图 5－8 和图 5－9 所示。

（1）视频录制按键：按下后开始录制视频，再按一次停止录制。

（2）云台角度控制滚轮：左右滑动可调整相机的拍摄角度（上下）。

（3）模式切换功能：用直白的话说，就是通过此功能让无人机飞得更稳，一般建议处在 P 模式，用于控制无人机的悬停。

P 模式（定位）：使用 GPS 模块或视觉定位系统实现无人机的精确悬停。

A 模式（姿态）：不使用 GPS 模块与视觉定位系统进行定位，仅提供姿态增稳，若 GPS 卫星信号良好可实现返航。

F 模式（功能）：视觉定位系统关闭，使用 GPS 模块实现悬停，可使用智能航向功能。

（4）回放键：短按一次可通过无人机配套的 App 回放照片或者视频，再次短按则返回到拍照或录影模式。

（5）拍照键：按下此按钮可以实现无人机实时拍照。

（6）摄像机参数设置键：可设置摄像机参数，可配合回放键实现照片翻页查看。

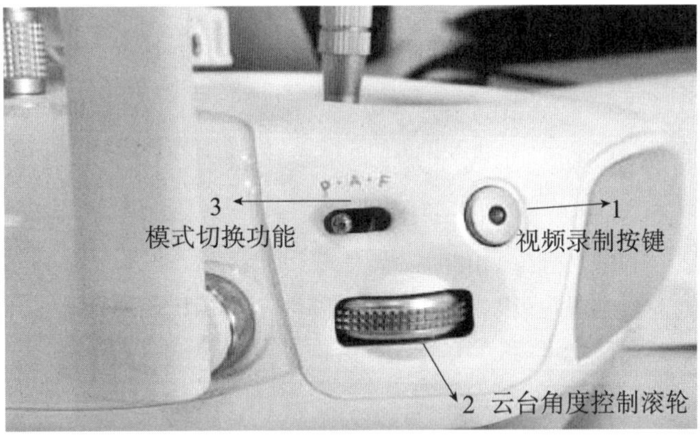

图 5-8　无人机遥控器背面基本按键（1）

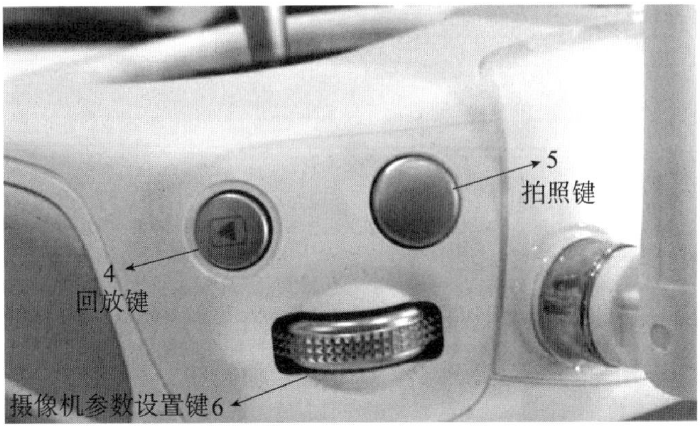

图 5-9　无人机遥控器背面基本按键（2）

4. 无人机遥控器摇杆基本操作详解（以美国手为例）

在美国手的使用中，无人机油门在左边。向上推左摇杆为加油，飞行器上升；向下推左摇杆为收油，飞行器下降。向左推左摇杆，飞行器向左逆时针旋转；向右推左摇杆，飞行器向右顺时针旋转。而右侧为水平方向摇杆，向上推右摇杆，飞行器向前直飞；向下推右摇杆，飞行器向后直飞。向左推右摇杆，飞行器向左直飞；向右推右摇杆，飞行器向右直飞（见图 5-10）。

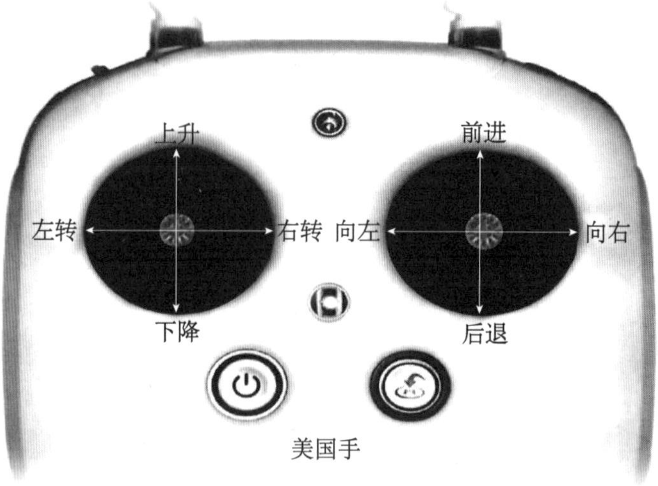

图 5-10 无人机遥控器摇杆基本操作详解

（二）无人机飞行训练

1. 悬停飞行练习

在 GPS 信号正常，周围环境风力较小的情况下，不触动摇杆，无人机可以实现原地悬停。

练习步骤：

（1）以内八字的方式同时推动左右摇杆启动无人机，将无人机左摇杆缓慢向上推，使无人机上升至相对低的安全高度。

（2）确保周围无干扰后，松开摇杆，使无人机在空中悬停。

（3）尝试前后操控左摇杆，改变无人机悬停的高度。

（4）确保周围空间安全后，将无人机左摇杆缓慢向下推，使无人机缓慢降落并着陆。

2. 向前飞行练习

（1）启动无人机，将无人机左摇杆缓慢向上推，使无人机上升至相对低的安全高度。

（2）转动左摇杆，调整方向，让飞行器的机尾对准操作者，机头朝向前方。

（3）向前轻推右摇杆，使飞行器平稳地向前飞行。

（4）在保证周围环境安全后，尝试向后、向左和向右操作右摇杆，飞行器将相应地向后、向左和向右飞行。

（5）控制摇杆使无人机返回起飞点，确保周围空间安全后，将无人机左摇杆缓慢向下推，使无人机缓慢降落并着陆。

3. 直角飞行练习

（1）重复“向前飞行练习”的（1）至（3），使无人机直线飞出一段距离，悬停在空中。

（2）向左拨动右摇杆，使无人机向左转弯 90 度。

（3）向前直线飞行，飞行一段距离后，悬停，再向左转弯 90 度。

（4）向前直线飞行，飞行一段距离后，悬停，再向左转弯 90 度。最后，操控无人机向前飞行完成方形航线飞行。

（5）确保周围空间安全后，将无人机左摇杆缓慢向下推，使无人机缓慢降落并着陆。

4. 圆形飞行练习

（1）在预设的圆形航线中心放置一个参照物。

（2）操控无人机起飞悬停，左右拨动右摇杆实现无人机侧向飞行并控制速度，同时使用左摇杆控制航向。

（3）根据飞行半径调整左右摇杆，使无人机围绕着这个中心物体飞行，并且保持相机始终对准它。

（4）通过对左右摇杆的微调，让无人机的飞行尽可能保持平稳和流畅。

（5）确保周围空间安全后，将无人机左摇杆缓慢向下推，使无人机缓慢降落并着陆。

三　无人机拍摄技巧

2012 年之前，在民用无人机还未普及的时候，要想获得航拍镜头必须使用直升机。随着大疆等无人机公司的崛起，民用无人机迅速占领航拍市场，航拍也在新媒体行业中得到广泛运用。

（一）航拍固定镜头

航拍固定镜头是指在拍摄一个航拍镜头的过程中，无人机保持悬停姿态，无人机镜头保持不动，画面固定，被拍摄主体可以是静态的，也可以是动态的。航拍固定镜头的核心是画面所依附的框架不动。

航拍固定镜头的特点是镜头外部运动因素消失，通过摄像机的寻像器所能看到的画面范围和视域面积是始终如一的。航拍固定镜头能够比较客观地记录和反映被拍摄主体的运动速度和节奏变化。

（二）航拍运动镜头

拓展阅读：几种航拍特有的镜头运动形式

航拍运动镜头是指使用无人机进行动态航空拍摄，它是航拍创作中最常使用的拍摄方式。由于与传统摄录设备相比，无人机具有灵活性强的特点，在拓展阅读中，我们将介绍几种航拍特有的镜头运动形式。

值得注意的是，穿越飞行镜头可以给受众带来身临其境的视觉体验，在实际拍摄创作中，需要精心设计和探索。

【扩展资源】

1. 教学视频：手机也能拍大片（扫描下方二维码观看）

2. 网络学习视频：DJI 带屏遥控器官方教学视频、使用技巧

https：//www.bilibili.com/video/BV1YK411L7ug/？spm_id_from=333.788.recommend_more_video.0

【思考与练习】

1. 仔细研究一下自己手机的摄影、摄像功能，熟悉各种功能的使用与操作。
2. 下载大疆无人机说明书，熟悉无人机的基本操作规则。

【实践项目】

1. 手机移动拉镜头与手机变焦拉镜头对比实验：借助手机稳定器用手机拍摄同学

伏案看书的动作，由书的特写拉至教室的全景。注意起幅的稳定性以及人与物之间的比例关系。用手机变焦功能拍摄同样的画面内容，比较移动机位的拉镜头和变焦拉镜头的效果差异。

2. 手机移动推镜头与手机变焦推镜头对比实验：借助手机稳定器用手机拍摄人物，由教室全景到人物面部特写。用手机变焦功能拍摄同样的画面，比较移动机位的推镜头和变焦推镜头的效果差异。

3. 借助手机稳定器横移拍摄：拍摄一排呈坐姿或站姿的同学，横向移动拍摄，手机面对同学，采用交叉步进行拍摄，从左到右、从右到左拍摄两遍。

4. 晃镜头拍摄：用晃镜头拍摄体育系学生的醉拳、醉棍表演；用晃镜头拍摄公共汽车上的乘客，要让观众感觉到汽车在颠簸。

5. 模仿学生在图书馆查找图书的场景，拍摄一组结合推、拉、摇、移等多种拍摄技巧的综合运动镜头。

可参考下表形式对实践项目进行考核评价。

实践项目考核评价表

<table>
<tr><td>任务</td><td colspan="3"></td></tr>
<tr><td>创作方式</td><td>个人创作</td><td>姓名</td><td></td></tr>
<tr><td>具体内容</td><td colspan="3"></td></tr>
<tr><td>成果表现形式</td><td colspan="3">视频</td></tr>
<tr><td>实践小结</td><td colspan="3"></td></tr>
<tr><td>自我评价
（满分 30 分）</td><td>1. 实践态度（10 分）
2. 操作中解决现实问题的能力（10 分）
3. 作品完成度（10 分）</td><td>评分</td><td></td></tr>
<tr><td>学生互评
（满分 30 分）</td><td>1. 作品完成度（15 分）
2. 实践小结完成度（15 分）</td><td>评分</td><td></td></tr>
<tr><td>指导老师评语与评价
（满分 40 分）</td><td colspan="3">总分：</td></tr>
</table>

第六章

流行拍摄技术精讲

【学习目标】

1. 掌握延时摄影的技术特点和拍摄技巧。
2. 掌握希区柯克式变焦的影像特点以及在实际拍摄中的技术要领。
3. 理解一镜到底的影像特点，掌握场面调度的技巧。

第一节 延时摄影

延时摄影（time-lapse photography），又称延时拍摄、间隔摄影、定时定格摄影或者缩时摄影，是一种利用特殊的拍摄方法将时间进行压缩呈现的摄影技术。

人类在视知觉上有一个被称为视觉暂留的特点：人眼在观看运动中的形象时，这个形象消失在视野中后仍会在视网膜上滞留 0.1～0.4 秒。以电影为代表的视听节目恰恰利用人的这一视知觉特性，在 1 秒钟内播放 24 张照片，这 24 张照片按照顺序播放就会形成动态的视觉效果，运动的物体的速度基本与现实速度一致。随着电影的发展，摄影师开发了快拍慢放的技法，在摄制影片时调节摄影机每秒拍摄的照片数，使其在 1 秒钟内拍摄的胶片张数远远大于 24 张，放映时再以每秒 24 张的速度播放，原本高速的动作就被分解了，使运动的物体呈现出比现实速度缓慢的视觉效果，这就是慢镜头，即通常所说的高速摄影。

很快人们就发现，如果反其道而行之，将每秒拍摄的照片数降低，再以正常每秒 24 张放映，视频就变成了快镜头。如果有足够的耐心去长时间拍摄，采用慢拍快放的方式就能在短时间内呈现日升月落、云卷云舒的视觉效果。延时摄影就这样诞生了。

拓展阅读：延时摄影与视频快放的区别

电影史上首次尝试延时摄影技法的是法国知名导演乔治·梅里爱，他在 1897 年拍摄影片《家乐福歌剧院》时采用了这一拍摄手法。随后延时摄影被大量地运用到自然科普类的节目中。随着时代的发展，大众审美不断变化，延时摄影越来越多地出现在展现城市风光、自然风景、天文现象、城市生活、建筑制造、生物演变等题材的节目上，以其独有的魅力带给人深远、瑰丽、丰富的视觉感受。

一 延时摄影的拍摄步骤

延时摄影在当下的新媒体视听节目创作中比较流行，那么如何实施延时摄影呢?一般来讲，主要有以下几个步骤。

（一）拍摄规划

延时摄影的魅力在于将景物缓慢变化的过程压缩到一段较短的时间内，因此，在拍摄前，必须对拍摄主题、拍摄方式、拍摄地点等进行必要的规划。

对于延时摄影而言，最佳主题通常是那些依靠人眼几乎辨别不出细微变化的事物发展过程，如雪山在蓝天白云下的光影变幻、建筑物与星轨的同框、城市交通的川流不息、云朵的千变万化、植物的生长、四季的流转等。只要经过精心的设计规划，借助数字摄影技术就可以为这些景象打造出奇幻的视觉效果。

定好拍摄主题后，就可以规划一下拍摄方式和拍摄地点，以此来保证拍摄时能够完全不受干扰地工作，尽可能地捕捉所需要的镜头。通常来讲，延时摄影有固定延时和移动延时两种，在开拍之前一定要确定好采用哪种拍摄方式。

拍摄地点是需要踩点确认的。因为延时摄影耗费的时间比较长，你可能需要花费几个小时拍摄日落，或需要数天乃至数周的时间拍摄摩天大楼的建设过程，所以开拍前必须找准摄录设备放置的位置，以便于挑选到最佳的拍摄角度和最安全的拍摄场地。

（二）摄录设备的准备

从技术上讲，照相机和摄像机都可以用来拍摄延时序列。照相机和摄像机各有特点，但总体来说，数码单反相机的拍摄效果会更好一些。数码单反相机在镜头和景深方面有更多的选择，同时耗电比较少，能够保证较长时间的供电。

除了单反相机，还需要准备三脚架、快门线、ND 滤镜。如果是想拍摄移动延时，还需要准备延时轨道，或者三脚架的滑动脚轮。图 6－1 中的就是延时摄影的常用工具。

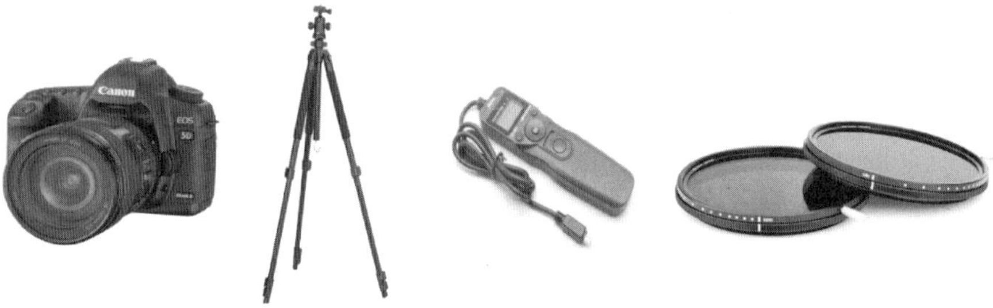

图 6－1　单反相机、三脚架、快门线和 ND 滤镜

镜头的部分，如果是拍摄大场景，可以选择鱼眼镜头、移轴镜头或者 24 毫米以下的广角镜头；如果是拍摄特写，就应该尽量选择长焦或者微距镜头。图 6－2 是几种常见的镜头。

图 6－2　鱼眼镜头、移轴镜头、长焦镜头

（三）拍摄

为了方便后期制作，拍摄时必须保证所有照片的拍摄参数要统一，所以在拍摄之前就要对相机和镜头进行相关的设置。

第一步：关闭相机内部的一些自动功能，比如自动对焦、防抖功能、自动关机、自动回放、自动测光、自动白平衡等，让相机和镜头都处于手动模式，以保证拍摄的连续性和稳定性。

第二步：设置相机的参数。光圈、快门、ISO（感光度）这些数值应根据当时的光线设置，一旦设置好就不要改变了。如果不能够确定曝光是否完全准确，就让画面保持一点点欠曝，让高光部分得以完整保留。白平衡的部分也是根据拍摄环境来选择的，因此应采用手动白平衡。相机的记录格式方面选择 RAW 格式，以方便后期剪辑。

第三步：计算好每次拍摄的时间间隔。在进行拍摄之前，摄影师要先了解拍摄将耗费的时间，计算好每次拍摄的时间间隔。举个例子，如果你需要 10 秒钟的延时视频，按照每秒 24 帧画面计算，你就需要拍摄 24 张乘以 10 也就是 240 张照片。如果你确定要拍摄 10 分钟的事物变化过程，10 分钟是 600 秒，用 600 秒除以 240，就得到了每 2.5 秒拍 1 张照片。

两次拍摄的时间间隔，也可以参照这样的规则：拍摄变化越快的过程所需的时间间隔越短。例如，夕阳往往只停留短暂的几分钟，拍摄时所设定的时间间隔一般是 1～2 秒。若是选择拍摄秋叶逐渐变黄的过程，则可以每隔两小时拍摄一次。值得注意的是，拍摄时两次曝光之间的间隔越长，影片的变幻性、震撼力也会越强。表 6－1 是经验丰富的摄影师在日常拍摄实践中的经验总结。

表 6－1　不同景物的延时摄影间隔时长参考表

景物	间隔时长	景物	间隔时长
快速移动的云层	1～2 秒	缓慢移动的云层	5～10 秒
日落的轨迹	1～2 秒	植物的成长	5～40 分钟
星轨	15～60 秒	车流较大的路桥	1～2 秒

如果是进行大范围移动延时摄影，还必须保证移动拍摄时摄像机与地面是在同一条水平线上，而不能使摄像机的位置高低起伏；同时还需注意匀速前进，每次移动拍摄的距离间隔保持一致。

（四）合成

拍摄完成之后还需要对素材进行后期合成。一般来讲，可采用的软件有 Lightroom 和 Premiere。Lightroom 是 Adobe 研发的一款以后期制作为重点的图形工具软件，可以加快图片后期处理速度，Premiere 则可将所有图片合成为视频。

后期制作时，需要对素材进行系统性的管理，可将拍摄的照片按顺序放入一个文件夹，文件夹最好按拍摄时间、地点、景物命名（见图 6－3）。将所有图片导入 Lightroom，选择其中一张照片，点击“修改照片”利用软件进行调整（见图 6－4），具体参数依情况而定。完成之后用同步功能对其他所有照片进行批量调整（见图 6－5），最后导出（见图 6－6）。

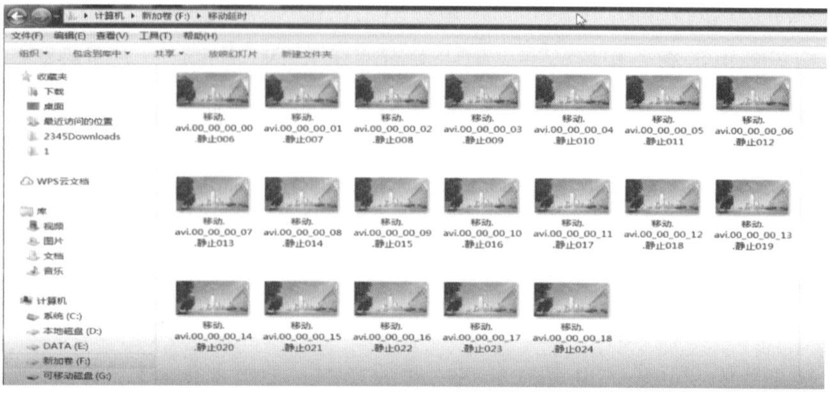

图 6－3　将拍摄好的照片按顺序整理放入文件夹

图 6－4　在 Lightroom 中选择一张照片进行处理

图 6－5　在 Lightroom 中利用同步功能批量处理照片

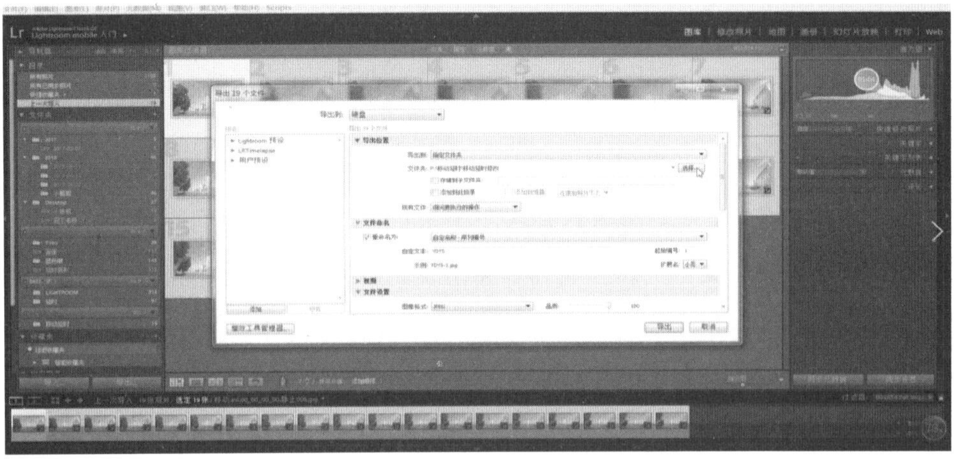

图 6－6　在 Lightroom 中导出已经处理好的照片

接下来，打开 Premiere 软件，新建项目，再新建一条序列，导入用 Lightroom 修饰过的照片。在导入照片时，要先确保图像序列是被勾选的状态，再适当调整整个视频的效果，调整时可以选择变形稳定器效果，以使视频更流畅（见图 6－7）。渲染完毕后，即可导出视频。

图 6－7　在 Premiere 里选择变形稳定器效果进行画面调整

二　延时摄影的注意事项

怎样在提高延时摄影的质量的前提下保证延时摄影的顺利进行，也是一个重要的问题。因此，我们还需要注意以下几点。

（一）拍摄时机的把握

延时摄影的要点是“变化”。为了节省拍摄时间，突出视觉效果，拍摄的时候应该尽量选择能够发生动态变化的对象，如自然中的日出日落，城市中的车水马龙、人潮汹涌。如果是以天空为背景，最好选择天空中云量比较充足的时间段或是光线变化较明显的时间段。一般来说有云，就比较容易出现光影变化，这样拍摄出来的延时摄影作品才会漂亮有质感。如果要表现城市车水马龙、流光溢彩，最好选择从黄昏到华灯初上时，车流量大、灯光较为密集的市中心繁华地段拍摄。

（二）保证画面的稳定性

延时摄影对于画面的稳定性要求极高，拍摄时如果有轻微的抖动，便会造成视频的卡顿，影响视觉效果。绝大多数的延时摄影都是借助照片拍摄完成的，保证每一张照片的构图和取景的稳定成为延时摄影最重要的技术指标。很多时候拍摄环境不尽如人意，比如人来人往、风力较大等，这时候就要格外地注意拍摄的稳定性。选择平坦的地方、一个稳定的三脚架和好用的快门线很重要。经验丰富的创作者会使用厂商的App来遥控操作相机，以避免接触相机的机身，因为每次按下快门都可能造成画面的抖动。如果拍摄的环境比较复杂，人为的干扰因素比较多，就要尽量使用较快的快门速度和广角来拍摄。

（三）规划路线与确定锚点

拍摄大范围景象的延时摄影时需要呈现出时间和空间同时连续变幻的效果，这时，相对固定延时摄影，移动延时摄影的视觉效果会更为磅礴、奇幻。在进行移动延时摄影时，一定要确定一个锚点并提前进行移动路线的规划。例如，拍摄城市的楼群移动延时，为了表达楼群的巍峨、壮丽，往往需要将其中一座建筑物作为锚点进行旋转移动，拍摄时要注意所有的照片拍摄都围绕这个锚点展开，保证摄像机无论旋转到哪个角度，这个建筑物在照片中的位置始终不变。图 6 - 8 就非常聪明地选择以建筑物的钟表为锚点，将锚点置于画框正中，围绕锚点展开旋转。这样在将照片剪辑成视频之后，画面就有了一个中心，旋转效果平滑而流畅。

图 6-8　锚点的确定

（四）尽量多拍素材

影响延时摄影效果的除了画面的不稳定之外，还有画面变化的生硬艰涩。造成这一现象的极有可能是以下几点：素材照片数量不足、拍摄间隔不统一和拍摄间隔过大。经验丰富的摄影师在前期拍摄时，都会为后期剪辑留有余地，严格把握拍摄间隔，尽可能在现场多拍一些素材，从而为后期剪辑创造有利条件。

新媒体时代，受众对视觉感受的要求越来越高，延时摄影凭借炫酷的视觉效果赢得了越来越多人的喜爱，被广泛地运用到各种类型的新媒体视听作品中。它的拍摄不仅需要技术的支持，更需要创作者有耐心、有毅力。笼络世间万千变化于影像一瞬，这一瞬既是技术的结晶，也是艺术的结晶。

第二节　希区柯克式变焦

希区柯克式变焦又叫作滑动变焦（Dolly Zoom），被誉为迄今为止“电影史上最华丽、最迷幻的拍摄手法之一”。1958 年，著名导演希区柯克拍摄了心理惊悚片《迷魂记》，摄制组里一位名叫罗伯特·伯克斯的摄像师为了表现主人公恐惧紧张的心理，尝试了滑动变焦的技法（见图 6-9）。这种怪异的视觉效果后来被广泛地用于影视作品的拍摄。

《迷魂记》里为了表现男主角斯考蒂·费古森警官恐高症发作爬楼梯时的恐惧心理，希区柯克和他的团队利用推轨镜头（Dolly）搭配变焦镜头（Zoom）完成了拍摄。

图 6-9 《迷魂记》剧照

由于透视原因，背景不断改变，螺旋楼梯被塑造成了迷离魔幻的异度空间，该镜头组接上男主角的表情和动作，让观众仿佛跟随男主一起直观体验了对高度的恐惧和眩晕感。这种拍摄手法通过扩张或压缩的背景空间营造出压迫和扭曲的恐怖氛围，具有典型的希区柯克悬疑风格，因此被命名为希区柯克式变焦。

一　希区柯克式变焦的影像特点

（一）奇幻的视觉效果

希区柯克式变焦在不同的场合会呈现出不同的视觉效果。在恐怖电影中可以制造出压迫、扭曲的画面效果；在拍摄立体丰富的景色时则可以显示出被拍摄主体与背景的大小差异，给观众造成视觉眩晕感；而当希区柯克式变焦锁定人物的面部表情时，则可以很好地带动观众进入被拍摄主体的内心世界。斯皮尔伯格的《大白鲨》、保罗·安德森拍摄的科幻电影《黑洞表面》都采用了这种变焦技巧。图 6-10 为电影《大白鲨》中经典的希区柯克式变焦片段截图。

由于滑动变焦能产生一种连续的透视变形，让背景看起来突然变大或变小，因此如果加快变焦速度或者加快播放速度，就可以制造出一种“扑面而来”或“突然离去”的感觉，极具视觉张力。

图 6－10　《大白鲨》剧照

希区柯克式变焦优秀的视觉表现力还经常被用来表现大场面。例如，在《指环王：护戒使者》（2001）中，当佛罗多看到树林里逐渐扩大的洞口时，这个画面带给观众的震撼的视觉感受甚至超越了特效制作（见图 6－11）。

图 6－11　《指环王：护戒使者》剧照

希区柯克式变焦改变空间背景的能力可以节省特效和后期制作成本，常被运用在影片的高潮处，用于刻画史诗级时刻。

（二）两种不同变焦的视觉特点

希区柯克式变焦的实质是在轨道上前后推拉摄像机的同时拉伸摄像机的变焦镜头，一般分为外退内进（Dolly-out & Zoom-in）和外进内退（Dolly-in & Zoom-out）两种。外退内进指的是摄像机往后退，同时逐渐放大变焦，呈现出来的视觉效果是被拍摄主体保持不动，背景逐渐被挤压。具体操作如图 6－12 所示。

后退拍摄，并逐渐放大变焦

图 6-12 “外退内进”操作示意图

外进内退则相反，指的是摄像机往前进，同时逐渐缩小变焦，呈现出来的视觉效果是被拍摄主体保持不动，背景被拉阔。具体操作如图 6-13 所示。

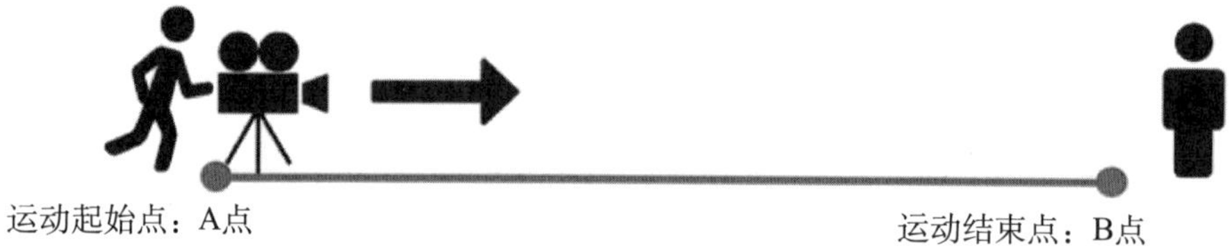

前进拍摄，并逐渐缩小变焦

图 6-13 “外进内退”操作示意图

外退内进的视觉效果是被拍摄主体位置不变，其所在的空间不断压缩；外进内退的视觉效果是被拍摄主体位置不变，其所在的空间不断扩大。

二 希区柯克式变焦的拍摄注意事项

希区柯克式变焦所呈现的视觉效果震撼，拍摄难度也比较大。拍摄者在操作时既要考虑运镜的幅度、方向，还需要考虑摄像机运动速度和焦距运动速度之间的匹配，难度非常大。在操作中需要注意以下几点。

（一）保持图像的稳定

不管采用何种拍摄工具，保持图像的稳定都是至关重要的。要拍摄出平滑的希区柯克式变焦画面需要准备平滑的轨道和平稳的拉伸变焦镜头，还需为摄像机准备三脚架。使用单反相机和手机拍摄则需要准备一个带变焦功能的手持稳定器，手持运动拍摄时，要压低重心，放慢步伐，尽量减少运动带来的画面抖动，以保证画面呈现出丝滑的质感。

（二）确定主体和环境

在拍摄时，需要选定好拍摄环境和被拍摄主体。为了突出视觉效果，一般来讲，主体与背景之间要有差异，两者在视觉上不要融在一起，如穿灰色衣服的人和灰色的天空，这种搭配就很难突出希区柯克式变焦的视觉效果。在拍摄环境的选择上，尽量考虑具有延伸感、富于变化的背景环境，或者是线条变化比较丰富的场景，这些环境可以使画面主体和背景环境之间的纵深感得到明显加成，起到事半功倍的效果。封闭式的桥下或隧道、鹤立鸡群的建筑或宝塔、背景空旷的天台等都是不错的选择。

（三）注意运镜和变焦的协调

在拍摄希区柯克式变焦时要注意三个方面：一是摄像机的运动方向，二是摄像机的运动速度，三是摄像机镜头的焦距。这三大要素决定了一个希区柯克式变焦镜头的视觉效果，如急速的推拉往往容易制造惊吓、震惊的视觉效果，缓慢的推拉则容易营造恐怖、迷幻的气氛。摄像机方向可以选择正视角，也可以用斜视角。如果拍摄的场景中线条较丰富，那么选择斜视角拍摄可以强化原本就迷乱的视觉效果，使人眼花缭乱，头晕目眩。

拍摄的时候需要一边均匀变焦一边匀速前进或后退，保证被拍摄主体始终以同样的大小处于同一个位置。通常情况下拍摄者都会将主体放置在画面的中心位置，以突出主体不变与周边环境的变化之间的对比。

当然，希区柯克式变焦也可以通过后期制作的方式呈现。只需要选择一个画质较好的推镜头或者拉镜头，然后通过非线性编辑软件，选择缩放特效，设置好缩放速度和关键帧就可以实现。

第三节 一镜到底

一镜到底，英文名为 one-shot，是指用一台摄影机拍摄、在一个镜头内表现整部影片，或者是通过后期剪辑加工让人感觉整部影片只使用了一个镜头的拍摄手法，可分为真正的一镜到底和加工的一镜到底两种。

最早的一镜到底可追溯到1948年希区柯克的《夺魂索》。1982年贝拉·塔尔推出了电影《麦克白》，电影由两个镜头组合而成：前5分钟为演职人员介绍，后67分钟为正片。这部影片更接近现代意义上的一镜到底。数字摄影时代的来临为一镜到底提供了技术支持。2002年5月，俄罗斯导演亚历山大·索科洛夫摄制了《俄罗斯方舟》，这是用数字摄像机拍摄的第一部真正意义上的一镜到底影片。近年来，随着虚拟现实技术逐步进入人们的视野，其沉浸感不仅给人们带来了前所未有的体验，也给影视创作者带来了新的创作灵感。影视创作者试图借用长镜头来无限接近虚拟现实在视听感知上的沉浸性，于是长镜头的极端运用——一镜到底就成为近年来大热的摄制技术。无独有偶，2020年英国导演萨姆·门德斯执导的电影《1917》获得了第92届奥斯卡金像奖最佳摄影、最佳视觉效果、最佳音响效果三项大奖。萨姆·门德斯借用一镜到底完成了“请观众亲自去战场走上一遭”的野心，带领观众经历了一场“全息式战争体验”，使《1917》成为迄今为止电影史上用一镜到底构建全片，场面调度难度最大的作品。

二 一镜到底影像的特点

法国著名的电影理论家巴赞认为电影的本质是对客观世界的复原，应摒弃戏剧式的按照因果关系的省略手法，完整地、自然地再现现实，不割裂事物发生的时间和空间。一镜到底在某种意义上就是对巴赞纪实主义美学思想的践行与实施，极具个性化的美学特色。

（一）沉浸性

《1917》的导演萨姆·门德斯在谈及创作时如是说：“从一开始我就想以实时方式拍这部电影，让观众一同踏上旅程，与角色同步呼吸，了解战争的本质，一镜到底是讲述这个故事的最好方法。”① 萨姆·门德斯的话很形象地道出了一镜到底最突出的特点，即沉浸性。

---

① 臧飞，蔡伟．“一镜到底”的美学特征与技术实践：以《1917》为例［J］．电影文学，2020（20）：144-146.

一镜到底营造的是一种基于真实、客观影像的超真实体验或沉浸体验。影视作品的空间构造往往是由拍摄的现实空间和摄影机的运动共同完成的。一气呵成的单个镜头通过摄像机的运动拓展了观众有限的视野，同时也保证了空间的连续性。由于影像没有分切，观众思维很容易在延续中被牵引，而不断的视觉推进效果，非常贴合人眼的真实感觉，让人仿佛置身于“游走的画框”中。比如电影《爱乐之城》的开头，公路拥堵，汽车排起了长龙，镜头在一辆又一辆的汽车前掠过，直到对准一辆车中的一个女人。女人轻轻吟唱，进而推开车门，在狭长的汽车长龙间翩翩起舞。随后镜头缓缓后退，在女人的带动下越来越多的人加入尽情的歌舞狂欢中，镜头不断地推、拉、摇、移，变换视点，层出不穷的人在镜头面前载歌载舞，热烈而奔放，将人们一下子带入欢乐的海洋，情不自禁随之轻舞飞扬。导演达米恩·查泽雷用一个长达 4 分钟的一镜到底，以惊艳的方式成功地俘获了观众，快速地让人从生理到心理都沉浸在作品营造的瑰丽景象里。

电影《爱乐之城》（2016）开头片段

（二）游移性

苏联电影理论家吉加·维尔托夫是“电影眼睛理论”的倡导者。他认为电影工作者应当以摄像机机械的眼睛，而不是人的眼睛去看世界。[①] 通俗来讲，就是摄像师借用摄像机去反映人眼所无法捕捉、突出的现实内容，进而解构与重现世界。一镜到底的长镜头，往往需要经过精心的场面调度设计。导演必须精准把握场景的变化，掌控摄像机的拍摄角度、景别的变化，以及人物的走位、视点的挪移……从而形成镜头内部的蒙太奇。观众则跟随导演镜头的游移，时而处在全能的上帝视角，时而又转化成剧中人物的视角，在客观视角和主观视角之间来回切换，形成多变观感。在电影《1917》里有这样一个桥段，两个主人公穿越战场来到了一个废弃的农场中，当主人公用水壶盛牛奶的时候，他听到了天上战斗机的声音，摄像机以第三人称的客观视角拍摄下了主人公的一举一动 ，而当主人公抬起头时，摄像机则慢慢推向天空，展现天空中的场景。此时摄像机的视点已经由早前的第三人称客观视角转变成了主人公的主观视角。视点不着痕迹的转换很自然地将观众带入主人公的主观情绪

电影《1917》（2020）片段

① 李恒基，杨远婴．外国电影理论文选：修订本［M］．北京：三联书店，2006：213.

之中，促成了观众与剧中主人公的“合二为一”。

（三）绵延性

运动是一镜到底的灵魂。在持续不断的镜头运动中，影像连绵不绝地涌入画框，随即又被新的内容排挤出去，形成了“物随景移、移步生景”的画面效果。巴赞曾经说过，银幕仅仅是把事件的局部显露给观众的一幅遮光框。当人物走出画面时，我们认为他只是离开了我们的视野，事实上依然存在于背景中被遮住的另一个地方。[①] 巴赞强调的纪实主义美学在一镜到底里得到了最大程度的体现。绵延的镜头运动既保证了影片空间与时间的同一性，也将画框内外的世界勾连成一个统一的整体，方便观众更加真实地感受影片时空的完整与真实。画框内的画面、外延出去的影像世界，在一镜到底绵延的势能下充满了视觉的张力，每一个影像都具有外延至下一时刻的动能，而外部世界的未知与模糊，又构成了戏剧性的悬念，引领着观众一步一步探求和迎接未知。

二 一镜到底的拍摄注意事项

创意微电影《我梦想 我奋斗 我奔向》

要拍摄出沉浸感强、引人入胜的真一镜到底，场面调度一定要做到极致。场面调度包含场景设计及安排、演员的调度、摄像机的调度，这三者必须丝丝入扣、有机配合，一旦出错必须从头再来，所以一镜到底的拍摄投入大、周期长、难度高是行业内公认的。但随着数字技术的不断发展、创作成本的降低、从业人员制作水平的提高以及用户需求及审美能力的加强，一镜到底被广泛应用到了广告、音乐视频（MV）、新闻等作品中。比如2018年新华社推出的“致敬改革开放40周年”创意微电影《我梦想 我奋斗 我奔向》，该作品就采用了一镜到底的拍摄方式，以不同时期的生活细节为切入口，通过极具创意的沉浸式视角为观众展示改革开放40年间我国在文化、科技、经济、民生等方面发生的翻天覆地的变化，作品新颖、独特的内容和形式深深地吸引了观众，给人留下了深

① 曹桐，曹红军．从拟真到致幻：“一镜到底”的美学探索［J］．中国矿业大学学报（社会科学版），2022（1）：137－148.

刻的印象。

如何拍摄出优质的一镜到底画面呢？这里给大家总结几个小技巧。

（一）场景构建要精心

采用外景拍摄一镜到底，往往需要高昂的时间、人力和资金成本。电影《1917》的创作团队为了营造逼真的战争场景，花费巨资修建了幽长的战壕、密布的铁丝网、城镇的断垣残壁等。拍摄期间，为了保证拍摄光影的统一，导演组还特意聘请了气象专家，对拍摄现场的光影进行预测与辨析，以确保画面光线的统一。由此可见外景拍摄一镜到底的复杂性。

为了节省拍摄成本，更具可控性的室内搭景成为一镜到底作品的主要选择。导演组可以提前对内景进行精心设计和安排，对所有纳入画框的细枝末节进行控制，以此来强化影片独特的审美。2018 年湖南卫视推出的创新音乐节目《幻乐之城》，为了完美呈现 8 分钟的 MV，节目组搭建了 3 000 平方米的幻乐空间。《一念》MV 中王菲所饰演的歌者在影音店、复古的艺术小巷、歌舞厅三者之间穿行，影音店里的光碟架和墙上放映的老电影，艺术小巷里正在苦练技能的马戏团杂技演员、花童、街边的小摊、橱窗里穿着红舞鞋跳芭蕾的人偶，歌舞厅里的歌者、弹奏吉他的演员、听歌的客人……不同光影变幻，不同的人物装束，不同的道具排布，导演在精心构建的场景里诉说着一个个怀旧故事，同时也用精心设计的运镜来向经典致敬。

（二）场面调度要精细

一镜到底的魅力在于将长镜头的画面置于运动之中。因此，摄像机构图的变化、机位和角度的变化、光线和场景的变化、主体和陪体的变化等都需要导演进行精心设计和现场调度。

在场面调度中，导演必须通过分镜、摄影和舞台设计等视觉艺术手法，搭配富有创意的方式引出故事或主题。比如在《幻乐之城》中的《一念》里，影音店里王菲在听歌，镜头直奔墙壁上的电影屏幕并伸入其中，顺利地完成了时空穿越和光影的变化。观众沉浸在优美的歌声里，思绪跟随镜头在时空里畅游。

由于一镜到底的完美呈现往往最能体现导演高超的艺术素养、专业的指导能力、良好的沟通和协调能力，因此它成为很多喜欢挑战高难度技巧的导演钟爱的摄制方式。

当然，对于一些场面调度经验不太丰富的初学者来说，可以选择难度较小的一镜到底来尝试。拍摄者只需要事先将整个拍摄脚本、故事发生场景、拍摄重点设计好就可以了。比如想要采用贴身跟拍的方式拍摄一个普通白领每天早晨上班的故事，可以设计年轻的女郎从公寓下楼，来到大街上，走进咖啡馆，点单取咖啡，然后匆匆走过街道，走过路口，一路上遇到形形色色的人，镜头可以自由地在人群、建筑物、车流中穿行。这样既可以展现城市的特点，又可以展示女郎上班路上的真实场景，充分发挥一镜到底灵动自然、沉浸性强的特点。

（三）视点转换要流畅

由于一镜到底镜头的时长较长，单一的视点很难满足观众的视觉需求，难以全面调动观众的感官，让其沉浸其中。很多时候，视点的转换成为充实内容、把握节奏的关键。在一镜到底的拍摄中，一定要注意运用视点的转换来拓宽观众的思维和想象力，满足观众对于叙事的需求。比如《幻乐之城》里的 MV 故事《五百里》中就有一个非常成功的一镜到底：白天鹅歌舞厅里，任素汐饰演的歌手小溪在台上表演；镜头缓缓地在人群里移动，慢慢地转移到了两个聊天的女性身上；画面随即展示了李光洁饰演的男主角李茂与两位女性的对话；对话一结束，镜头慢慢地绕过李茂，再次对准了舞台上的女主角小溪；紧接着小溪结束演出，李茂跟上，两人完成了简短的对话，李茂离开，小溪被流氓纠缠。在这个 2 分 30 秒的镜头里，既有第三方视角的叙事，也有李茂主观镜头的展现，视点不停地变化，故事有序地推进，人物之间的关系、情感状态、女主角的遭遇，都在一个镜头内完整地呈现出来了，干净利落，不落窠臼。

《幻乐之城·五百里》片段

一镜到底带来的视觉感受与当下的电竞游戏、VR 电影非常类似。我们完全有理由相信，随着新媒体技术的不断发展，受众审美意识的不断增强，视听节目制作对于一镜到底的运用也会越来越常见，围绕一镜到底展开的多种创新手法也将应运而生。时下，一些广告中已经出现了快动作加“一镜到底”、倒放加“一镜到底”、多人主线汇集到某一中心场景的摄制手法。随着技术的不断发展，想象将在艺术的世界里自由驰骋，随即不断被可视化呈现，一镜到底将迸发出新的生机，给视听艺术的创作带来新的活力。

【扩展资源】

1. 教学视频：延时拍摄、移动延时拍摄操作技巧（扫描下方二维码观看）

2. 教学视频：希区柯克式变焦（扫描下方二维码观看）

3. 网络学习视频：延时摄影进阶：如何拍摄日转夜星空延时

https：//www.bilibili.com/video/av70451556

4. 网络学习视频：［专访］揭秘电影《1917》“一镜到底”的秘密！独家专访奥斯卡获奖导演萨姆·门德斯

https：//www.bilibili.com/video/av711653709/

【思考与练习】

1. 自学 Lightroom 和 Premiere 两个软件。

2. 延时摄影和视频快放有何区别？

3. 观摩学习《鸟人》《1917》《爱乐之城》等经典影视作品，揣摩其中的“一镜到底”是如何进行视点转换的。

【实践项目】

1. 延时摄影进阶式练习

初级：选择一个合适的地点或场景，为学校拍摄一段长度为 10 秒的延时摄影视频，并记录下自己在拍摄中的体会，总结成败得失。

中级：找寻一个合适的地点，尝试星轨延时摄影。

高级：在学校附近寻找一个有代表性的地标式建筑，尝试进行移动延时摄影。记录下拍摄中的体会，总结成败得失。

2. 希区柯克式变焦拍摄进阶式练习

初级：根据所学知识，找寻一个物体，尝试对其进行外退内进希区柯克式变焦、外进内退希区柯克式变焦实践，在班级小组内进行分享交流。

高级：结合一定剧情，以人物为主体运用希区柯克式变焦进行拍摄，感受希区柯克式变焦在具体场景中的运用。

3. 一镜到底拍摄练习

以小组为单位，围绕某一主题，拍摄一段 180 秒的一镜到底视频，场景变化、视点变化要尽可能丰富。

可参考下表形式对实践项目进行考核评价。

实践项目考核评价表

任务			
创作方式		姓名	
实践步骤			
成果表现形式	视频		
实践小结			
自我评价 （满分 50 分）	1. 实践态度（10 分） 2. 操作中解决现实问题的能力（20 分） 3. 作品完成度（20 分）	评分	
学生互评 （满分 20 分）	1. 作品完成度（10 分） 2. 实践小结完成度（10 分）	评分	
指导老师评语与评价 （满分 30 分）	总分：		

下篇
新媒体视听节目的剪辑

普多夫金曾在《电影技巧》一书里这样说过："剪辑工作是电影本体的创造力，自然不过是提供了它用以进行工作的素材。"一部影视作品的诞生，往往会经历前期策划、中期拍摄和后期剪辑三个环节。其中，编剧负责构思故事情节，导演负责指导演员表演，摄像团队负责镜头的视觉和影像风格，剪辑师则是将这些元素融合在一起。剪辑师通过剪切、重新排列、修饰、润色、增删等方式将零散的素材编织成一个天衣无缝的故事，整个过程不仅仅有剪辑师对导演创作意图的精准理解与把握，更有剪辑师对艺术灵性的发挥与创造，故而剪辑工作有影视创作"炼金炉"之称。

新媒体时代，各种剪辑软件层出不穷，掌握软件操作并不是一件费力的事情，而对于一个成熟的剪辑师而言，更重要的是掌握剪辑的技巧，形成良好的节奏意识和捕捉细节的艺术直觉。所以，在这一部分，我们将较少谈论剪辑软件的操作，而较多关注编辑思维的训练、剪辑法则的讲述、镜头组接的技巧锻炼和合成技术的讲解。

在新媒体视听节目创作领域，永远没有"最好"，只有"更好"。一个优秀的剪辑师总是能在看似毫无头绪的素材中找到亮点，更能在叙事层面上创造奇迹，通过艺术的剪辑掩盖缺点、创造惊喜。

第七章

作品的编辑构思

【学习目标】

1. 理解作品主题的重要性，掌握主题确立的两种方法，知晓如何围绕主题选择材料。

2. 理解作品结构的基本要求。

3. 掌握叙事蒙太奇、表现蒙太奇、声画蒙太奇的特点，以及蒙太奇的基本句型，灵活运用蒙太奇知识进行画面编辑。

4. 熟练掌握节奏的处理方式，在编辑中能感知节奏并创造节奏。

第一节 主题与结构

剪辑是新媒体视听节目制作的最后一个环节，前期辛苦获得的素材只有通过剪辑整合才能构成一部完整的作品。

视听节目的结构有两个层次：一是整体的布局，这是对作品整体形式的把握，以使作品层次分明、结构完整；二是内部构造，也就是对作品系统内部的各个局部、各要素的构成及转换进行排布、设计，使作品上下贯通，自然过渡。

在编辑构思阶段，作品的结构往往指的是整体的布局。这一阶段需要做的是进一步明确作品的主题，确定作品的结构形式。

一 主题的确立

主题的确立和提炼是创作者由感性认识到理性认识的飞跃，往往需要创作者从对客观现实的洞察和历史资料的梳理中找寻，通过具体事件或生活现象来揭示。编辑工作中，所要做的就是围绕主题找寻最佳的结构形式，挑出最有价值、最具表现力的镜头进行排列组合，组接成一个有思想内涵、故事精彩引人入胜的作品。作品是围绕主题的呈现而展开的，确立了主题，作品就有了支撑点。主题的确立通常有以下两种方法。

（一）意在笔先

意在笔先，即在拍摄初就已经为作品设定了主题，形成了非常详细的创编脚本，拍摄时所有的素材都是围绕主题而进行的，编辑时主要是按照前期的预设来进行剪辑，即便偶有调整，也很少进行大的结构变更。一些微电影、专题节目、政论片、公益广告、真人秀、综艺节目等基本都属于这一类。

意在笔先对于前期的策划和拍摄有较高的要求，对于编辑而言，只需要执行导演和创作团队的构想即可。

（二）主题后行

主题后行意味着主题是在创作中逐步确立的。一些作品，如纪录片、新闻专题片在前期创作时没有详细的剧本，只有简单的拍摄大纲，创作者对拍摄对象或者事件的认识和理解往往是有感而拍，由浅入深。主题是在创作中不断丰满，逐步明晰的。纪录片《幼儿园》的导演张以庆在谈及创作时就说过：在拍摄《幼儿园》时，我不知道自己要什么，但我心里非常清楚我不要什么。这基本是大多数纪实类创作者在前期创作时的共同心态。

主题后行的作品一般前期拍摄的素材量比较大，编辑的难度也明显高于意在笔先的作品。张以庆的《幼儿园》从前期调研到拍摄花费了 18 个月的时间，素材量高达 5 000 多分钟，编辑、剪辑、修改花费了 6 个月的时间，最终的成片只有 70 分钟，可见创作的难度之大。

主题后行的作品因为没有具体、完整的剧本，所以在编辑时需要创作团队花费大量的时间反复观摩整理素材，不断进行挖掘、提炼，也正因如此，剪辑师在工作中拥有了更多的自由度和更大的创意空间，其工作更具有挑战性。

二 主题的表达

确立主题之后，如何围绕它进行表达，是接下来要考虑的问题。

（一）围绕主题挑选素材

面对前期辛苦获得的一大堆素材，如何取舍是个难题。初学者在选材时常常会陷入一个误区，即把画面好看、有趣或者个人的喜好当作选择的标准，不太理会素材是否与主题的表达有关、能不能凸显主题，这样很容易导致作品陷入主题不明确、拖沓冗长的境地。

纪录片《人生第一次》是近年来在互联网视频平台大火的一部纪录片，作品在海内外的播放量超过 4 亿，豆瓣的评分高达 9.2 分。作品为了能描绘“人生”这一复杂的主题，选择了 12 个“第一次”去展示中国人的生活断面。出生、上学、长大、当兵、上班、进城、买房、结婚、退休、相守、养老、告别这 12 个大的人生节点中潜藏着中国人对生活最真实的情感，每一集聚焦一个小主题，围绕每个小主题可以有多个拍摄对象。在第一集《出生》里，创作者选择用三个故事来呈现主题：二胎顺产的吴丽辉忍受巨大的阵痛生下了超重宝宝；36 岁的高龄产妇周婷顺产不顺，面临到底是顺产还是剖宫产的艰难抉择；身患先天性心脏病的双胞胎产妇向爽既要做心脏手术又要接受剖宫产，生命和生育的风险双重交织。30 分钟内，作品通过三位不同的女性，三种不同的生育经历，紧紧围绕“生的伟大与艰辛，母爱的强大与坚韧”这一主题，引发了观众强烈的共鸣。图 7－1 为纪录片《人生第一次》海报。

图 7－1 《人生第一次》海报

纪录片《幼儿园》片段

《幼儿园》是张以庆耗时一年半拍摄的纪录片，影片向观众展现了成年人对孩童的影响。片中一段关于马玉兰小朋友的剪辑耐人寻味。剪辑师将各种场合下不同的老师在教室里高频次呵斥批评“马玉兰”小朋友的影像剪辑在了一起，同时技巧性地将马玉兰小朋友的表现与其他小朋友的举止进行组接。整个片段没有旁白，没有音乐，只有原汁原味的生活，通过对素材的挑选与剪辑，剪辑师不动声色地展示着生活本真的面目，引人深思。

（二）放大亮点，细描细绘

亮点是一部作品彰显主题的关键点、着力点，是创作者必须“细描细绘”“大书特书”的。在创作中，所谓“细描细绘”“大书特书”通常是通过细节来展现的。

细节是构成艺术整体的基本要素，是丰富情节、塑造人物性格、增强艺术感染力的重要手段，更是作者表情达意、强化主题的重要方法。

《我是孟买》是2012年戛纳广告节金狮奖作品，同时也是《孟买镜报》的广告片。影片效仿《辛德勒的名单》，采用了黑白影像，为了突出“镜报”，刻意将报纸上的“镜报”字样变成红色，在细节上予以强化突出（见图7－2）。

图7－2　戛纳广告节金狮奖获奖作品《我是孟买》截图

广告片《我是孟买》

在镜头的组织与安排上，导演运用了大量的特写和反应镜头来凸显真实的新闻事件：牛奶掺假、孤儿院丑闻、非法政治海报等。

（三）抓住第一感觉，随时标记

成熟的创作者都非常重视第一次打动自己的材料，这类材料往往就是作品的主题或是节目的主要内容。在挑选素材时，一定要相信自己的第一感觉，随时标记好被选中的素材，因为它们很容易在脑海里稍纵即逝。在编辑的过程中，更是要充分利用这些素材来激发观众的共鸣，提升影片的感染力。

三 作品结构的基本要求

在文学和戏剧作品创作中，关于结构有“凤头、猪肚、豹尾”之说，意思是开头要精彩，中间要丰满，结尾收束要有力。在影视创作里也有同样的阐述。美国的赫伯特·霍华德等人在《广播电视节目编排与制作》一书里对好的作品在结构方面的要求提出的五点意见①，与“凤头、猪肚、豹尾”的观点不谋而合。这五点分别是：有一个有吸引力的开场和结尾；有一个良好的开头部分；节目的完整统一性；有效地处理进度，内容多姿多彩，每个单元都有变化；有效地处理情节发展和高潮。

在信息碎片化时代，媒体的传播渠道和方式都发生了变化。面对新媒体平台上海量的视频，观众的注意力成为稀缺的商品，视听节目如果无亮点，不具备足够的吸引力，则很难引发观众的观看兴趣。上述五点要求，对于在新媒体平台播放的新媒体视听节目而言尤为重要。

开场要精彩，要有吸引力，但怎样才能精彩、才能把观众的注意力吸引过来呢？在这一点上，很难有统一的答案。通常来讲，设置悬念是一个讨巧的做法。悬念往往最容易吊起观众的胃口，引发其观看兴趣。比如经典的法国电影《这个杀手不太冷》中，影片一开始，导演将镜头掠过城市的街巷，最后延伸至一个杂货铺，接下来是一组大特写：捧着牛奶的手，杀手里昂被大墨镜遮挡的眼睛，接头人紧张吸烟的嘴，阴狠的眼神，不安的揉捏烟头的手，一张黑白的男人面部照片……随后是两个人极其简短的对白，营造出一种神秘阴冷的气息，引发观众对接下来剧情的强烈好奇（见图 7－3）。

当然一部成功的作品，除了开头要精彩，还需要有中部丰富的内容和有张有弛的节奏作为支撑。中央电视台春节晚会公益短片《父亲的旅程》，讲述了一位老父亲第一次走出大山去看望远在都市打工无法回家过年的儿子的故事。创作者用细腻的手法，将父亲的旅程处理得跌宕起伏，饱含深情。年迈的父亲提着老家的山货徒步

公益微电影《父亲的旅程》

① 霍华德，基夫曼，穆尔．广播电视节目编排与制作［M］．戴增义，译．北京：新华出版社，2000：181.

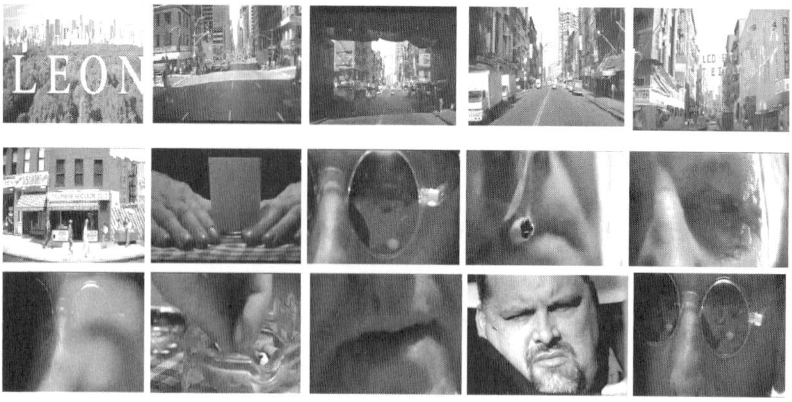

图 7－3 《这个杀手不太冷》开头部分

翻山越岭，几经坎坷终于踏上了火车，而下了火车，人生地不熟的老父亲茫然无措，好不容易想起给儿子打电话却发现号码有误，根本联系不上儿子。疲惫不堪的老父亲无比失落，只好孤独地躺在火车站的长椅上借宿。最后在火车站乘警的帮助下，父子终于相见。一贯严厉，喜欢呵斥、掌掴儿子的父亲，面对儿子忍不住挥起了巴掌，而高举的手最终变成了对儿子的轻抚，老父亲一句“你为什么这样瘦了呢？过年要吃些什么？爸爸煮给你。”将影片推至高潮。创作者用“一波三折”的剧情推进着父亲完成了孤独而又艰难的旅程，将含蓄、深沉的中国式父爱演绎得细腻而真实，充满了直击人心的力量。

结尾是影片很容易形成记忆点的部分。好的结尾不仅能引发受众思索，令人回味，更有“余音绕梁”“言有尽而意无穷”之功效。好的结尾也没有定式，一般来讲，结尾要根据主题的需要和内容的发展趋势而定，既不可匆匆收尾，让人摸不着头脑，也不可拖拖拉拉，冗长累赘。

第二节 段落的安排

在视听节目编辑领域，如果说结构是一个节目的骨架，那么段落就是依附在骨架之上的血肉。段落是视听节目中一个相对完整的叙事层次，由不同时空的若干场面组成，有时一个场面也可以形成一个段落。视听节目创作中的段落有两种类型：一种是蒙太奇段落，另一种是长镜头段落。这里，我们将重点放在蒙太奇段落上。

一 蒙太奇段落

蒙太奇段落是利用镜头的组接，即蒙太奇手法来完成的。蒙太奇具有叙事和表意两大功能。根据蒙太奇发挥功能和使用范围的不同，可以将其分为叙事蒙太奇、表现蒙太奇和声画蒙太奇。

（一）叙事蒙太奇

叙事蒙太奇又称连续蒙太奇，由电影大师格里菲斯等人创立，是指通过按照情节发展的时间顺序、生活逻辑和因果关系分切、排列和组合镜头、场面及段落，来表现连贯的动作和剧情。这是一种最单纯、最基本的叙述方式，为国际影视界所常用。叙事蒙太奇并不只针对段落，也可能针对整部作品，成为整部片子的主要叙事方式。

叙事蒙太奇主要包括平行蒙太奇、交叉蒙太奇、重复蒙太奇、颠倒式蒙太奇、连续式蒙太奇等几种表现方式。

1. 平行蒙太奇

平行蒙太奇是指在蒙太奇段落里出现两条或者两条以上的情节线索，这几条线索平行发展、相辅相成。电影大师格里菲斯、希区柯克都是运用这种蒙太奇的高手。

平行蒙太奇在剪辑时有三种平行方式。

（1）同时同地，即在同一场面内，句子与句子平行开展。比如展示高考考场内考生的不同表现：

句子一：教室内考生们正襟危坐。

句子二：监考老师表情严肃，密切关注考场中每一个学生的动作。

句子三：学生 A 奋笔疾书，神情专注。

句子四：学生 B 抓耳挠腮，始终下不了笔。

句子五：学生 C 趴在桌上呼呼大睡。

（2）同时异地，即在一个段落中，场面与场面平行展开。比如展示高考考场内外考生和家长的不同状态：

句子一：监考老师表情严肃，密切关注考场中每一个学生的动作。

句子二：学生 A 奋笔疾书，神情专注。

句子三：学生B抓耳挠腮，始终下不了笔。

句子四：考场外，家长守在学校门口翘首以盼。

句子五：一位父亲一边擦汗一边不停地看手表。

句子六：几个家长聚在一起小声交谈。

（3）异时异地，即段落与段落平行展开。周星驰导演的《功夫》里有一段斧头帮跳舞的桥段，该桥段在剪辑处理上就采用了异时异地的平行剪辑：一方面是斧头帮的老大们在香堂内挥舞着斧头跳舞；另一方面是斧头帮小弟们无恶不作，在各地用极其残酷的手段扩张势力，杀戮不断。影片巧妙地用这种方式介绍了斧头帮发展壮大的过程，加快了故事的节奏，给人留下了深刻的印象。

冬奥会公益短片《谢谢你，妈妈》

很多公益广告片偏爱用平行蒙太奇来营造温馨与感动的氛围。2018年冬奥会公益短片《谢谢你，妈妈》就借助平行蒙太奇展现了世界各地不同家庭的孩子在妈妈的鼓励与陪伴下摆脱偏见和桎梏，最终自信地走向赛场的故事（见图7－4）。该片呼唤全世界消除歧视，如母亲爱孩子一般平等地对待不同肤色、不同种族、不同性别、不同地位、不同身体条件的人，影片虽然短小，却充满了感动人心的力量，彰显了平等爱人的奥运精神。

图7－4 《谢谢你，妈妈》中的平行蒙太奇

平行蒙太奇可以省略过场戏，有利于集中概括、加快节奏，增加影片的信息量，同时多条线索相互烘托，形成对比，易于产生对比效果，增强艺术感染力。

2. 交叉蒙太奇

交叉蒙太奇又称交替蒙太奇，是在平行蒙太奇的基础上发展而来的。它将同一时间、不同地域发生的两条或者数条情节线索迅速而频繁地交替剪辑在一起，其中一条线索的发展往往影响着另外一条线索，各条线索相互依存，最后汇合在一起。交叉蒙太奇通常会利用同一时间、不同空间的镜头的交替组接，营造出紧张的气氛，加强矛盾冲突的尖锐性，形成强烈的节奏和惊险的戏剧效果。交叉蒙太奇在调动观众情绪上具有非常突出的效果，常常出现在惊险片、恐怖片和战争片中，在一些动作片的打斗、追逐的桥段里更是经常被采用。

格里菲斯经典的“最后一分钟营救”就是典型的交叉蒙太奇。在电影《党同伐异》中，格里菲斯摆脱了时间的束缚，将一场“营救戏”剪辑得扣人心弦。一边是无辜的男人被推上绞刑架，即将被处绞刑；另一边是女人发现了真正的凶手，急于将这一消息告诉州长，但州长已乘车离开。镜头在行刑现场、驱车送赦免令以及军官接电话阻止行刑几组镜头间来回交替，切换速度逐渐加快，气氛越来越紧张，赦免令终于在执行前最后一分钟送到，观众紧绷的神经终于在最后一刻得到释放，从而达到了惊人的效果。

电影《人再囧途之泰囧》里的一段交叉蒙太奇被导演处理得妙趣横生（见图 7－5）。徐朗和王宝试图潜进高博房间偷取护照，由于没有弄清楚具体地点，两个人分别走进了酒店的两个房间。镜头在王宝和徐朗之间来回切换，王宝打晕了高博，而徐朗因跑错了房间而被暴揍，两条线时间上彼此交叉，内容上相互独立，结果却大相径庭，两相对比之下，令人忍俊不禁。

图 7－5 《人再囧途之泰囧》中的交叉蒙太奇

3. 重复蒙太奇

重复蒙太奇是指内容和性质完全一致的视觉形象反复在作品中出现。它可以是一个画面的重复，也可以是一个物件的多次重复。重复蒙太奇类似于文学中的反复叙事方式或是重复手法。在这种蒙太奇结构中，具有一定寓意的镜头在关键时刻反复出现，以达到刻画人物、深化主题的目的。比如《泰坦尼克号》里反复出现的海洋之心项链，作为整部影片的关键物件，串起了整个故事（见图 7－6）。

图 7-6 《泰坦尼克号》中反复出现的海洋之心项链

在电影《狙击电话亭》的开头，导演将与“电话”这一元素密切相关的镜头组接在一起，节奏明快，角度丰富，不仅一下子点明了作品的主题，也引发了观众的好奇心。

除了道具之外，其他一切的视听元素，如人物、景物、光影、场面、动作、语言、音响、音乐，经过艺术加工均可成为重复剪辑的构成元素。重复蒙太奇可以是内容与形式的重复，也可以是形式重复而内容变化，或是内容重复而形式变化。

电影《阿甘正传》里就有多处重复式场景。影片以飘舞的羽毛开始，以飘舞的羽毛结束，充满了诗意。影片中少年阿甘因为腿疾而被一帮同学羞辱，小珍妮呼喊提醒阿甘快跑；若干年后青年阿甘又一次遇到同样的场景，珍妮再一次提醒阿甘快跑。相似的镜头组接带给人似曾相识的感觉，让人感叹虽然时间流逝，阿甘长大了，可他面对的歧视依然没有变化，面对年复一年的歧视，阿甘始终不屈服，奔跑得越来越快，也越来越强大。

反复出现的视听形象，往往出现在主要人物动作线的关键点上，或是推进故事情节向前发展的关键点上，这些视听形象重复出现，能产生独特的寓意、节奏和效果，对作品主题的深化、叙述的流畅和形象的塑造都具有积极的作用。

4. 颠倒式蒙太奇

颠倒式蒙太奇是指打乱时间顺序的蒙太奇叙事模式，通常是通过镜头的分切与组接，来将情节推进的客观时间关系转变成创作者自行设计的主观时间关系。一般来说，颠倒式蒙太奇有大倒叙和小倒叙之分。《泰坦尼克号》整部电影都是由老年女主人公的回忆展开的，是典型的大倒叙。小倒叙有点像写文章时的插叙，常常表现为在顺叙中插入过去，比如“闪回”就是非常典型的小倒叙。《功夫》里，周星驰饰演的男主角打劫哑女，却发现了棒棒糖，从而勾起了自己年少时的记忆，此处，导演用“闪回”的手法完成了男女主角的相认。

电影《功夫》（2004）片段

5. 连续式蒙太奇

连续式蒙太奇是指沿着一条单一的线索，按照故事情节和动作的连续性和逻辑上的因果关系进行镜头组接，有节奏地连续叙事。这种叙事方式层次清晰，条理清楚，朴实平顺，符合观众的思维方式和认知习惯。比如展示一个人深夜下班回家就可以采用这种方式进行：

句子一：男人掏出钥匙开门。

句子二：开灯，换鞋。

句子三：男人把手中的公文包一扔，随即躺在沙发上。

连续式蒙太奇情节线索单一，很难表现和其他故事之间的联系，平铺直叙的方式缺少艺术的表现力，很容易让人觉得单调乏味，所以在创作时往往会和其他蒙太奇形式一起使用。

（二）表现蒙太奇

表现蒙太奇是以加强艺术表现力和情绪感染力为主要目的的一种蒙太奇类型，它以镜头对列为基础，通过前后镜头在形式上和内容上的相互对照、冲撞，使单一镜头产生一种本身不具有的、更为丰富的含义，并用它表达某种感情、情绪、心理或思想，给观众留下强烈的印象。它的目的不是叙事，而是表达情绪、表现寓意、揭示含义。

与叙述蒙太奇相比，表现蒙太奇有如下特点：

（1）不是为了叙事，而是为了表达某种思想、主题和情绪。

（2）不以时空逻辑顺序为镜头组合的逻辑依据，其依据通常是意义。

（3）镜头的对列，可以产生暗示、比喻等效果。

（4）这是一种作用于视觉的以激发联想为目的的情绪表意方法。

表现蒙太奇可以分为以下几类。

1. 对比蒙太奇

对比蒙太奇以对比关系为依据，通过镜头或者场面、段落之间在内容或者形式上的对比，营造强烈的反差效果。这跟文学作品里的对比修辞非常类似。杜甫有“朱门酒肉臭，路有冻死骨”的诗句，视听节目创作里也可以将两种反差明显的镜头组合在一起，起到强调突出的作用。在影视创作里，对比剪辑被经常采用，它可以是内容上的对比，美与丑、高尚与卑劣、贫穷与富有、胜利与失败、快乐与忧伤等；也可以是形式上的对比，景别的大小、光线的明暗、角度的俯仰、色调的冷暖等。

对比蒙太奇至少有两条叙事主线，在后期编辑上对比蒙太奇的表现方式可以归纳为画面内容的对比、画面造型的对比、声画的对比、内在节奏的对比这四种。

在影片《贫民窟的百万富翁》里，一边是弟弟贾马尔在智力游戏中大获全胜，实现富翁的梦想；而另一边是哥哥舍利姆在追杀中被乱枪打死。影片将两种极致的人生放在一起交叉剪辑，形成鲜明的对比，极富感染力，给观众留下了深刻的印象。

对比剪辑主要有如下作用：

（1）把现实生活中存在的对立差异集中，通过镜头的组接加以强调，以表达一种情感和思想。

（2）利用两种形象的对列，使某一形象更加鲜明、突出。

（3）通过两种对立因素的对列，使两者的差别更加明显，从而为观众带来视觉震撼感。

2. 积累蒙太奇

积累蒙太奇又称积累剪辑，是指在保证叙述和描写连贯性的同时，将一些内容、性质、景别、运动方式等大致相似的镜头组接在一起，通过一种不断叠加的效果确立一个主题或者渲染一种情绪的创作手法。

积累蒙太奇突出的不是画面结构或者情节上的连贯，强调的是画面外在形象及内涵上的某种相似因素。这些具有相似因素的画面被不断叠加，会建立一个主题或者形成某种情绪氛围，形成的主题不是通过思维活动总结出来的概念，不是某些具体画面的原意，而是通过一系列画面形成的、只有单一内容的主观印象。例如，为了表达在旅途中的艰辛以及对家乡的怀念，可以将“古道、西风、瘦马，小桥、流水、人家，枯藤、老树、昏鸦，断肠人”等意象进行组接；为了营造春的来临，可以将“冰雪消融、春枝发芽、迎春花绽放”等镜头组接起来；为了表现早高峰的拥堵，可以将“排长龙的车队、焦躁不安猛按喇叭的司机、不停看手表四处张望的乘客、在车流里钻空前行的摩托车、从汽车空隙间匆匆穿过的路人”等镜头组接起来；等等。在 2022 年冬奥会开幕式上，张艺谋导演巧妙地运用二十四节气来进行倒计时，对每一个节气的表达都采用了积累蒙太奇的剪辑方式，精致唯美的画面让全世界感知到中国历法里节气的美妙。

积累蒙太奇往往会将同类镜头组接在一起，这里的同类主要是指内容意义属同一类型。每个镜头都具有统一的内涵和外延限度，即都具有表现主题的共同因素。这个因素可以是情绪、物体、动作、思想、景别、运动方式等形式因素的相似，这些相似会造成不断积累、不断加强的效果。比如在《辛德勒的名单》里，导演在辛德勒出场时就采用了一系列的镜头来表现同一个内容——辛德勒在为即将参加的宴会做出发前的准备（见图 7－7）。

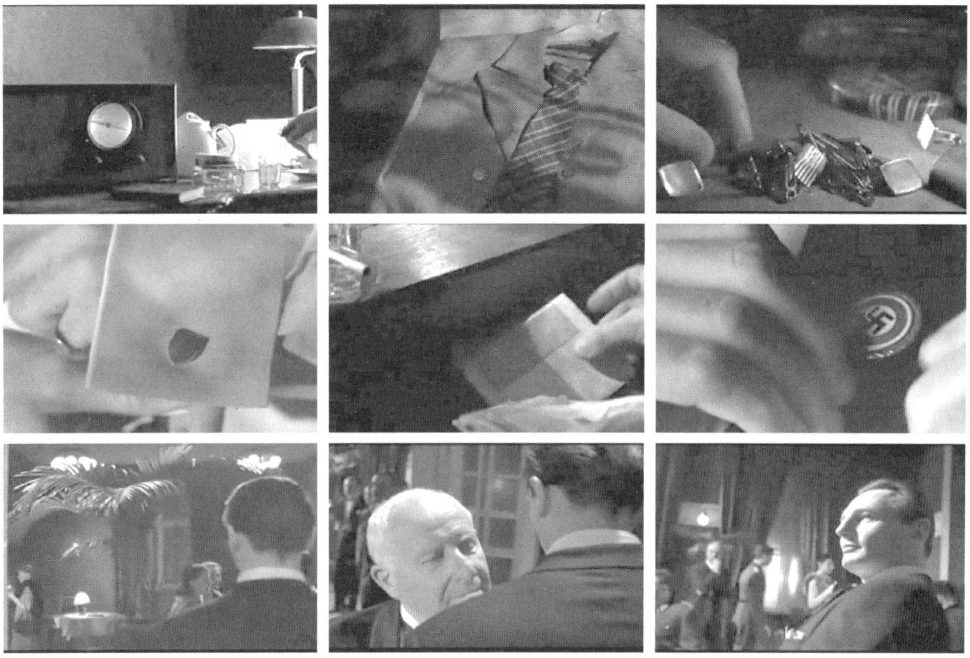

图 7－7 《辛德勒的名单》中的积累蒙太奇

在电视新闻和专题中，积累蒙太奇的使用更加频繁。为了配合解说，此类作品往往会用一组相似的景别来反映某一个主题，通过镜头内容的积累、形式上的统一，打造文学创作中排比句的效果，从形式到内容都互相配合，更具说服力。比如纪录片《舌尖上的中国Ⅰ》每一集的结尾都会将全片主要人物的微笑剪辑在一起，镜头的景别大都是中景，这样的剪辑不仅起到了一种回叙作用，而且起到了对主体形象的概括和深化作用。

积累蒙太奇有两类比较常见的句型。一类是不同主体的积累句型，它可以通过相似的动作来完成。2021 年我国第十四届运动会在西安举行，西安制作了一部名为《来咧》的宣传片，片中各行各业的西安人在各自的岗位、生活场景中对着镜头喊“来咧”，不仅展现了西安的城市风貌、人文特色，也彰显了整个城市对全国运动会的热情。

第十四届全国运动会宣传片《来咧》

另一类是同一主体的积累句型。同一主体的积累句型要求景别类似，但同一主体景别相似会给剪辑带来麻烦，画面剪辑会“跳”，视觉上会不舒服。因此，在剪辑时要注意运用角度跨度较大的镜头进行组接。角度变化明显了，就可以避免“跳”的现象。比如电影《巴顿将军》里巴顿将军的亮相，导演就运用了好几个拍摄角度差别比较大的特写进行组接，既避免了“跳”，又很好地表现了人物战功赫赫的特点。

3. 隐喻蒙太奇

隐喻蒙太奇是指通过镜头画面的对列和交替出现进行类比，生动而形象地表达创作者的某种寓意或情感。在隐喻蒙太奇中，以甲比乙，以此喻彼，主体和喻体是分别具有某种类似特征的不同事物，这与文学创作中的比喻修辞手法如出一辙。

隐喻蒙太奇往往会将不同事物之间的某种相似特征凸显出来，通过组接来引发观众的联想，进而领会导演的意图和领略事件的情绪色彩。例如，在经典作品《战舰波将金号》中，剪辑师在影片的高潮部分将三个不同姿态的石狮镜头组接在一起，构成“石狮觉醒怒吼”的形象，表达劳动人民对沙皇暴政的愤怒已经到了忍无可忍的地步（见图 7－8）。

图 7－8 《战舰波将金号》中的隐喻蒙太奇

隐喻蒙太奇剪辑的关键是本体和喻体镜头的选择。不是任意两个镜头的整合都能起到隐喻蒙太奇的效果的，必须考虑镜头之间是否存在被大众广泛理解和易于接受的相连性。通常情况下，我们往往用泥泞的小路比喻前进道路上的艰难，将工人示威游行的镜头与春天冰河解冻的镜头组接在一起来比喻革命运动势不可当，用缓缓升起的太阳比喻光明与希望的前景，等等。这些视觉形象之所以能被整合并产生引申意义，是因为它们基于共通的文化语境，如果隐喻过于隐晦艰涩，观众将很难理解。在影片《十月》中，有一个片段是将一套基督像和欢乐女神与修女的蛋形面具镜头组接在一起，希望获得炸弹在瞬间爆炸那样的视觉效果，以此来隐喻沙皇军队的穷兵黩武，但剪辑出来的效果却令人费解。

隐喻蒙太奇的关键不在于处理镜头的技巧，而在于编辑的思想深度和选择喻体象征意义的能力。比如纪录片《故宫》描写慈禧太后诛杀珍妃时，镜头的剪辑就极富象征意义：大水缸铜兽的特写，漫出的水向上倒流，暗示时光倒回到那个诛杀珍妃的年代；接下来是大水缸倒映出颐和轩的宫殿，平静的水面泛起层层涟漪，暗示风波乍起；屋檐下的小白鸽暗示了无辜的珍妃，惊起飞走的鸟雀暗示珍妃惨遭毒手，随即层层涟漪的水面逐渐恢复平静，暗示了珍妃被诛杀的风波迅速被平息，一个无辜生命的消逝于皇家而言无足轻重；大水缸的水顺势而下冲刷着铜兽，暗示了皇权的无情与冷酷。导演用一系列的镜头还原了慈禧太后诛杀珍妃的历史事件，通过启发观众的联想重构了历史时空，让人感受到了皇权的残酷与冷漠。

纪录片《故宫》片段

4. 心理蒙太奇

心理蒙太奇是人物心理描写的重要手段，通过画面和声音的组合，直接而生动地展示人物的心理活动或精神状态，如表现人物的回忆、梦境、想象、思绪等活动。它的主要特征是叙述不连贯、节奏跳跃，常会采用镜头的穿插、闪回等手法。

心理蒙太奇在视听节目创作中非常常见，比如在电影《疯狂的石头》里，导演就大胆地采用闪回的方式，将负责保护翡翠安全的老包内心深处生出的不祥预感表现得非常形象生动，尤其是老包印证了自己的预感，发现翡翠被调包了之后的一系列剪辑非常吸引人，很有特点。

在《罗拉快跑》中，当罗拉得知男友曼尼急需 10 万马克救命时，她开始了紧张的思考，导演非常有创意地运用了一系列的镜头处理：罗拉原地未动，镜头高速环摇，在快速的运转中不断地穿插罗拉亲朋好友的照片。导演运用这种方式将罗拉大脑高速运转，竭力在脑中搜索能帮助自己解决问题的人的内心活动展现得十分生动逼真。

5. 节奏蒙太奇

节奏蒙太奇通过若干镜头的相互作用（如不同长度的镜头按不同的方式组接、不同情节或景别的镜头对列组接），产生张弛、起伏、快慢不同的节奏效果，从而表现紧张、低沉、活跃、轻松等不同的情绪和气氛。

比如在《罗拉快跑》里，曼尼和罗拉在讲述 10 万马克丢失的事情时，剪辑师就非常有特点地连续组接了好几组两个人之间的喃喃

电影《罗拉快跑》(1998) 片段

自语，镜头切换的速度比较快，随后又组接了曼尼发现钱遗留在了地铁里的回忆镜头，这时镜头的切换速度明显减慢。整个片段的镜头剪辑有张有弛，很有节奏。

6. 抒情蒙太奇

抒情蒙太奇是一种在保证叙述和描写的连贯性的同时，表现出超越剧情之外的情感和思想的蒙太奇手法，往往是在一段叙事场面之后，恰当地切入一些象征情绪情感的空镜头。纪录片《故宫》在讲述完慈禧太后诛杀珍妃的秘史后并没有马上结束，而是运用一段低吟的歌声来抒发情感，观众在低婉哀叹的女声里看到铜兽被流水不断冲刷的大特写，珍妃的真容（一张照片）则缓缓从波光潋滟的水波中浮现。导演运用抒情蒙太奇表达了对珍妃之死的叹息，控诉了封建皇权对人的摧残（见图 7 - 9）。

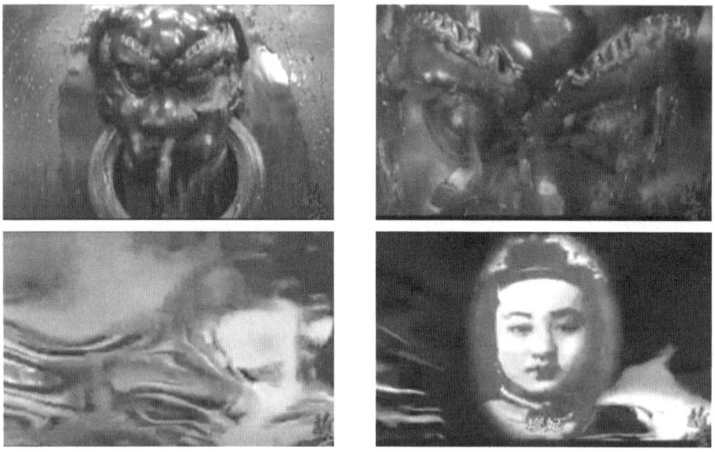

图 7 - 9 《故宫》中珍妃被诛杀之后的抒情蒙太奇

（三）声画蒙太奇

视听艺术是综合性的艺术，除画面外，声音也是叙事、传情和表意的重要媒介。声画蒙太奇主要用于处理声音与画面之间的关系。声画之间的组合关系主要有五种，即声画同步、声画分离、声画合一、声画对位以及静默。

拓展阅读：声画之间的组合关系

在现实的编辑创作中，不管是叙事蒙太奇、表现蒙太奇还是声画蒙太奇，三者之间并不是矛盾对立的关系。将它们分开讲述是为了阐述上的方便，在创作中它们相互渗透、互为补充。表现的基础是写实，写实的目的在于表现，两者是不可割裂的。

二 长镜头段落

长镜头是指在一个较长的不间断的镜头里，通过一系列的摄像机的运动，完整地记录人和事物在一段时间内的运动状态，记录一个事件段落的全过程，长镜头因为保持了时间和空间的完整性和真实性，很容易征服观众，从而获得好感。

长镜头通过场面调度包含了被摄主体、摄像角度、景别、镜头外部运动等方面的变化，其表意效果相当于运用蒙太奇组接技巧形成的蒙太奇段落，因此被称为镜头内部的蒙太奇，也称机内剪辑。

时下流行的一镜到底，其本质就是长镜头调度，因在前面对其有详细的介绍，在这里不再赘述。

三 段落叙述的基本方式——蒙太奇句型

蒙太奇句型是指由两个或两个以上的镜头经过有机连接构成的一个完整的意义段落，其主要特征是对素材有节奏的组合。一般来讲，它可以分为以下几类。

（一）前进式句型

前进式句型指的是由远视距景别向近视距景别发展的一组镜头，其基本形式是：全景→中景→近景→特写。这是最规整的句型，主要特点是将人的视觉注意力从环境引向兴趣点，顺序展示某一主体形象或动作（表情）、事件的进程，多用在节目的开头。

电影《七十七天》（2017）片段

对于主体形象而言，应先用全景交代主体及其所处的环境，再用中景、近景强调主体的细部特征，如图 7－10 所示的镜头组接。

对于动作而言，应先用全景建立起动作的总体概貌，然后用中景、近景强调动作的实际情况，如 2022 年冬残奥会公益短片《绽放》中镜头的组接（见图 7－11）。

对于事件来说，应先用全景建立起总体的环境概貌，再用近景把注意力引向具体的物体，突出细节。央视纪录片《第三极》讲述了拉萨人民聚集在茶馆喝甜茶聊天的故事，其中镜头的组接如图 7－12 所示。

图 7－10　前进式句型

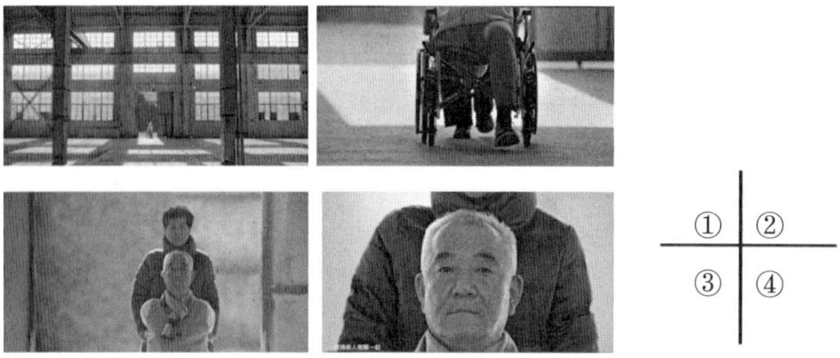

图 7－11　《绽放》中的前进式句型

图 7－12　《第三极》中的前进式句型

同时前进式句型还可以是远景→全景→中景→近景→特写的过渡，这一句型可以把观众的视线从整体引向局部，越来越逼近的视距会造成情绪和气氛的不断加强，最终将故事情节推至高潮。

值得一提的是，不能简单地把前进式句型理解为景别由大到小的镜头组接，而应当将其理解为一种叙事思路，一种从大环境逐渐深入小事件的叙事方法。在很多时候，对现实生活的描述很难用几个镜头就交代清楚，常常会有一个复杂的变化发展过程，因此要特别注意前进式句型的主要特点，理解这种句型是循序渐进的多镜头组合，它不仅可以传递事件的相关信息，也能传递某种情绪效果。

（二）后退式句型

后退式句型与前进式句型相反，是指叙事由近及远，景别由小到大的叙述方式。这类句型，往往把最精彩、最富戏剧变化的镜头放在开头，以造成先声夺人的效果，其基本形式是：特写→近景→中景→全景→远景。

后退式句型由点及面，由局部到整体，随着视域不断地扩展延伸，能形成某种期待，制造悬念，唤起观众的注意力。例如，黑暗中的一双手（特写）→男人紧张的表情（近景）→男人在抽屉里翻找东西时不停地往左右两边看（中景）→客厅，男人对面的沙发上，一个女人冷眼看着正在翻找东西的男人（全景）。

后退式句型的视距由近及远，呈现出一种屏幕后退、背离观众的视觉趋势，往往表达的是告一段落的结束感，常常用在段落或者节目的结尾。比如在电视剧《你是我兄弟》里，邓超饰演的男主角赶到火车站，但火车已经离开，只剩下孤独的他独自站在铁轨的岔路口。这里镜头的排布是：邓超紧张的表情（特写）→邓超左顾右盼，在寻找什么（近景）→邓超奔跑找寻（中景）→目送火车离开（全景）→邓超孤独地站在铁轨岔路口（远景）。

电视剧《你是我兄弟》片段

（三）环形句型

环形句型是前面两种句型的结合，或前进式＋后退式，以近距离景别为中心，先进再退，或后退式＋前进式，以远距离景别为中心，先退再进，形成一种循环对应的视觉表达效果。

比如展示主角小明吃饭的场景时可以这样处理：

特写：餐桌上美食冒着丝丝热气。

近景：书桌前写作业的小明嗅了一下，闻到香气。

中景：小明放下笔，站起来。

全景：小明走出书房。

中景：小明靠近餐桌。

近景：看到美食，拿起筷子。

特写：大口大口咀嚼，一脸享受。

环形句型还常用在一些惊悚、悬疑剧情中，产生一波未息、一波又起的效果，制造让人喘不过气来的紧张气氛，例如：

大特写：梅花鹿眼睛。

特写：河边，梅花鹿低头喝水。

近景：河中，鳄鱼背时隐时现。

中景：鳄鱼与鹿同框，鳄鱼缓缓游向梅花鹿。

大全景：一群豺狼在草原奔驰。

中景：豺狼出现在梅花鹿附近。

近景：一头豺狼眼神凶狠。

特写：豺狼放慢脚步，谨慎前行。

值得一提的是，环形句型并不要求镜头组接时严格地按照不同景别的顺序“逐步升级”或“逐步后退”，也不要求所有的前进式句子从全景开始，直至特写结束（反之，后退式句子也不必从特写开始到全景结束），各句子所包含的景别之间可以有跳跃、间隔、重复甚至颠倒，只需要总的趋势呈现出前进或后退即可。

事实上，在编辑过程中，句型是为叙事服务的，万万不能被以上三种句型束缚了手脚。作为叙事，表达清晰是最基本的要求。句型的选择应当服从剧情的需要，同时一定要牢记编辑是创作的艺术，法无定法，不能生搬硬套句型。

第三节 节奏

节奏，是对生活与事物发展中的起伏、高低、强弱、快慢、明暗、曲直、粗细的一种不平衡的运动反映。对于视听节目而言，节奏指的是内容和形式的长短、起伏、轻重、缓急、张弛、动静等有规律的交替变化，能够带给观众或激动或平静，或紧张或愉悦的心理感觉。新媒体时代的观众大都是伴随着 MV、电视广告、电子游戏长大的，对于节奏他们往往有着比老一辈更强的感受力和领悟力，作品要赢得他们的青睐，必须要在节奏上做足文章。

节奏和韵律是剪辑师的独特工具。剪辑师可以通过对镜头的类型、长度和组合的选用与编辑为新媒体视听节目作品重新注入生命力。一些优秀的剪辑师甚至能通过创造性地应用节奏和韵律克服故事原有的一些缺失，创作出引人入胜的作品。那么，如何在作品里创造节奏呢？

首先，我们来了解一下影响节奏的基本造型有哪些。

一 影响节奏的基本造型因素

（一）运动主体对节奏的影响

摄像机所记录的主体运动自带节奏。比如，世界一级方程式锦标赛上赛车呼啸而过；老人颤巍巍地从轮椅上站起来，对着国旗行军礼；倒下的多米诺骨牌……它们都有自己的节奏，都能成为作品节奏的构成元素。演员的表演也是如此，脸部的表情、手势、肢体语言都可以通过节奏表现出来。比如在《海上钢琴师》中，1900 为头等舱的客人弹琴，弹着弹着他进入了无我的境界，手指在琴键上飞舞，越弹越快，琴音也越来越欢快高亢，原本跳交谊舞的宾客情不自禁地改变自己的舞步，开始随着钢琴的节奏任意摆动肢体，现场一片欢快。此时影片的节奏基本依靠镜头内人物的动作来表现。

电影《海上钢琴师》（1998）片段

镜头内部运动的速度、方向、幅度会对视觉节奏产生明显的影响。主体运动速度快，节奏快；主体运动慢，节奏慢。在主体动作中动接动，节奏加快；在主体动作暂停处静接静，节奏放慢。同向主体动作顺势而接，节奏相对流畅、平稳；反向主体动作交错连接，则节奏变得活跃，视觉跳动。

（二）摄像机运动对节奏的影响

摄像机的推、拉、摇、移、升降以及焦距的物理运动变化，都可以使被拍摄主体产生各种各样的运动节奏变化。在当代视听节目创作中，摄像机的运动是创造节奏的常规手段。比如在动作片、MV 里，摄像机的快速推拉、高速旋转、急速升降等都会造成影像的变化，形成独特的节奏。

公益短片《网络暴力多米诺》为了展现校园霸凌的负面信息通过一台一台的手机在互联网世界里传播，其传播效应被不断延伸扩大的现实，特意安排了摄像机跟随倒下的“手机多米诺骨牌”不断地游走跟进，摄像机的跟移速度配合“骨牌”的倒下不断向画面纵深处延伸、节奏也逐渐加快，摄像机运动产生的节奏将作品推至高潮，让观众深刻领悟到了“互联网上的每一次分享可能造成的影响”，从而提醒网络时代里每一个网民理性对待自己的“网络言行”。

运动镜头能够使静态的物体产生运动的效果，从而产生节奏的变化。比如《海上钢琴师》里天才钢琴师1900为底舱的客人们弹琴，一大帮人围着钢琴认真地欣赏着音乐。刚开始琴声激昂，此时摄像机升起，快速地横移过人群，围绕钢琴师旋转，在琴键上从纵深处往回拉。摄像机的运动大胆而频繁，节奏明快。等到弹奏的钢琴曲变得轻柔舒缓时，摄像机的运动变成了缓缓向前推进。在这个片段中，摄像机运动的韵律与节奏完全配合钢琴师的演奏，非常巧妙地完成了影片节奏的转换。

公益短片《网络暴力多米诺》与电影《海上钢琴师》(1998) 片段

（三）镜头景别与角度变化对节奏的影响

不同的景别组合会呈现不同的视觉效果，产生不一样的视觉节奏。小景别给人快速、收缩、紧凑之感，大景别给人广阔、悠扬、释放的感觉。而当景别、角度跨度较大的两个镜头被组接在一起时，影片会产生节奏的明显变化，如大远景组接近景、大全景组接特写、俯拍镜头组接仰拍镜头，这些镜头的组合对观众的视觉冲击较大，观众的视觉节奏就会加快。相反，如果是景别相似的镜头组接，观众的视觉节奏就会相对减缓。

电影《无间道1》中有一个被称为“天台对决”的经典桥段（见图7－13)。警方的卧底与黑社会的卧底在天台会面，刘德华饰演的黑社会卧底乞求梁朝伟饰演的警方卧底放自己一马，梁朝伟坦言自己是警察，不会放过他，刘德华反问一句“谁知道”，此时镜头为两个人的脸部特写直接组接了一个大远景，视距上的巨大改变给观众造成了视觉上的强烈冲击，也使得影片平稳的节奏突然变得动荡，观众的心情也开始七上八下，情不自禁地为梁朝伟饰演的卧底的命运捏一把汗。

电影《无间道1》(2002) 片段

图7－13 《无间道1》“天台对决”截图

（四）色彩和光影的变化对节奏的影响

色彩、光影都是画面中最重要的流动视觉元素，这种流动所带来的各种变化的对比会产生独特的节奏。

例如，黑暗中突然出现光亮，高调的画面就改变了原有的视觉节奏，如果是有规律的变化，还能形成一张一弛的节奏感。色彩也是同理。在综艺节目《我是歌手》里，歌手登上舞台时，舞台的灯会有规律地逐排亮起，极富节奏感。在一些航拍延时摄影中，光影的变化充满了大自然的韵律之美，也会形成节奏。

（五）声音对节奏的影响

影像运动的节奏是视觉上的，也是听觉上的，音乐音响本身就是具有很强的节奏感的声音运动。一堆凌乱的漫无头绪的画面，一旦获得了恰当的音乐，就具备了化腐朽为神奇的力量，节奏会赋予画面以生命。新媒体平台上常见的视听作品混剪常常就是利用音乐来结构作品，创造新的节奏。

一段音乐，其本身的强弱变化就是节奏上的起承转合。在一些解说词以音乐为主的视频中，镜头转换的节奏往往是跟随着音乐节奏的。比如《歌手·当打之年》中华晨宇演唱《斗牛》时，音乐的高潮部分节奏高亢，这时镜头的剪辑率非常高；而《斗牛》的结尾部分情绪逐渐转为悠扬，这时画面节奏也跟着降下来。音乐的气口与剪辑的气口完全吻合，形成的节奏使歌手的演唱具有了更大的感染力。

几种不同性质的声音之间的对比也可以形成节奏的变化，比如在一些 MV、宣传片会将解说、对白、同期、音效与音乐相互交织，通过不同性质声音的反差来吸引关注或者衬托情绪、调节节奏。中央电视台推出的讴歌脱贫攻坚取得胜利的公益宣传片《赞歌》，就非常好地调动了各种不同类型的声音，乡村山野的自然音效、带有浓厚地域特色的欢歌笑语与背景音乐相得益彰，形成了鲜明的节奏，温暖大气，非常好地讴歌了脱贫攻坚带给乡村的巨变，充满了温暖人心的力量。

央视公益宣传片《赞歌》

当然，声音和画面的完美配合对于增加叙事的内在节奏也具有积极的作用。声音的情绪感染力与画面有机配合形成声画蒙太奇，动静之间，节奏相应变化。比如，深夜宁静的小区一派静谧安详，刺耳的救护车报警声突然响起，楼宇中各家各户的灯接二连三地亮起，平静和和谐被打破，内在的叙事节奏也发生了变化。

二 剪辑创造节奏

记录影像运动的基本单位是镜头，镜头的长度、镜头组接的次数，以及镜头的排列顺序，构成了剪辑的节奏。

剪辑率是剪辑过程中经常被提及的名词，是指在单位时间长度的画面中镜头转换的次数。一段画面中镜头相对比较长，转换次数少，剪辑节奏就缓慢，我们称之为低剪辑率；而一段画面中镜头相对比较短，转换次数多，剪辑节奏就快，我们称之为高剪辑率。

电影《双旗镇刀客》(1991) 片段

高剪辑率通常能营造紧张刺激的氛围，国产故事片《双旗镇刀客》中有一个片段就运用短镜头“闪接”形成了神奇的节奏，最短的镜头仅仅只有 1/8 秒。镜头的组接如下：

（1）（外反拍、中景）刀客抽刀朝前景的“一刀仙”劈来。1 秒。

（2）（特写）“一刀仙”手握着刀鞘，没出刀的意思。1/4 秒。

（3）（外反拍、特写）刀客甲挥刀劈到“一刀仙”面前。1/4 秒。

（4）（特写）“一刀仙”手中的刀朝下一沉，刀出鞘。1/4 秒。

（5）（特写）刀鞘有力地插入土中。1/6 秒。

（6）（外反拍、中景）刀客甲前景，“一刀仙”跪地侧杀，刀客甲中刀。1/8 秒。

（7）（外反拍、中景）刀客甲后景，正面，“一刀仙”侧杀。1/4 秒。

（8）（特写）刀客甲中刀，腹部被砍开。1 秒 。

这种高剪辑率体现在实际的剪辑中就是紧凑剪辑，它往往被用在场景性的介绍上，剪辑师在人物动作或解说和角色台词之间留出很小的空间，在短时间内传递给观众大量的信息，以“迅雷不及掩耳”的节奏吸引住观众的目光，俘获人心。

但并非只有高剪辑率才能体现紧张刺激，在很多时候，快与慢的巧妙搭配也可以达到“静中有动”“紧打慢唱”的特殊艺术效果。正如作曲家在作品中会写下休止符一样，剪辑师也需要在场景里延伸一个或多个镜头，或者在一个疯狂的场景之后添加一个定位镜头，让观众得以喘息，这就是宽松剪辑的妙用。

所谓节奏，就是一张一弛。以交替剪辑为例，交替快切一般是指平行交替剪接两组或者两组以上的镜头，以此来表现冲突、悬念、对比等。在这种剪辑中，第一个镜头和最后一个镜头要保持相当的长度，不能太急促。第一个镜头往往是起交代作用的，将观众带入剧情中；最后一个镜头则代表结束，让中间快速剪辑所积累的情绪在最后一个镜头里尽情释放。中部的段落，在剪辑速度的处理上，可以适当地提高剪辑率，使节奏呈现出不断加快的态势，制造逐步加剧的紧张感，以引领观众的情绪。

在视听节目创作的世界里，节奏的张弛与作品本身的类型有关，新闻作品节奏平稳，综艺节目节奏轻快，故事片要有节奏弧线才能做到跌宕起伏……节奏的控制是视听节目创作里最具灵性和艺术性的部分，也最容易体现剪辑师的个性化风格。我们对于节奏的理性分析和探索，其最终的指向是对节奏的理解和感悟，并启迪创作者更好地感知节奏，创造节奏。

【扩展资源】

1. 教学视频：蒙太奇叙事的基本原则（扫描下方二维码观看）

2. 教学视频：叙事蒙太奇（扫描下方二维码观看）

3. 教学视频：表现蒙太奇（扫描下方二维码观看）

4. 教学视频：声画蒙太奇（扫描下方二维码观看）

【思考与练习】

1. 挑选三部熟悉的影视作品，归纳一下作品的主题，分析创作者是如何围绕主题塑造人物、选择素材的。

2. 简述“平行蒙太奇”与“交叉蒙太奇”的异同。

【实践项目】

拉片分析是提升创作能力最有效的方式。剪辑阶段的拉片分析可以围绕作品的三个部分展开：结构解析、画面剪辑、声音剪辑。

1. 拉片分析之结构解析

选择某影视作品的某一核心情节段落或者是微电影，围绕其结构进行拉片分析。为情节段落划分层次，厘清每一层次的镜头运用，分析每一层次对主题表达而言的意义与价值。

参考桥段：《辛德勒的名单》开头辛德勒参加舞会赢得军方关注；《本草中国》第一集《境界》之长白山挖人参桥段；商业微电影《梦骑士》。

可参考下表形式对实践项目进行考核评价。

实践项目考核评价表 1-结构解析

<table>
<tr><td colspan="4">分析作品名：</td><td colspan="2">分析的时间段：</td></tr>
<tr><td colspan="4">姓名：</td><td colspan="2">创作方式：</td></tr>
<tr><td colspan="6">拉片分析（结构解析）</td></tr>
<tr><td>层次</td><td>镜头梳理</td><td>画面内容（截图）</td><td>景别</td><td>转场方式</td><td>备注</td></tr>
<tr><td rowspan="3">示例：序幕</td><td>1</td><td></td><td></td><td rowspan="3"></td><td></td></tr>
<tr><td>2</td><td></td><td></td><td></td></tr>
<tr><td>…</td><td></td><td></td><td></td></tr>
</table>

续表

层次	镜头梳理	画面内容（截图）	景别	转场方式	备注
示例：初遇	1				
	2				
	…				
…	1				
	2				
	…				
分析总结：					
指导老师评语：					

2. 拉片分析之画面剪辑

针对某一片段进行画面的剪辑分析。重点分析镜头的选择、景别、运镜特点、组接方式、蒙太奇的组合特点。

参考桥段：2022 年北京冬奥会开幕式“二十四节气倒计时”短片，Vlog 短片《土耳其瞭望塔》。

可参考下表形式对实践项目进行考核评价。

实践项目考核评价表 2 -画面剪辑

分析作品名：				分析的时间段：		
姓名：				创作方式：		
拉片分析（画面剪辑）						
镜号	画面内容（截图）	景别	运镜特点	组接方式	蒙太奇类型	备注
1						
2						
3						
…						
分析总结：						
指导老师评语：						

3. 拉片分析之声音剪辑

针对某一作品或者作品片段进行声音剪辑的拉片分析。重点关注声音画面的组接关系、声音的风格变化、声画组合关系、声音组接方式等。归纳片段在声音方面的剪辑特点。

参考视频：中央电视台《赞歌》宣传片、纪录片《幼儿园》。

可参考下表形式对实践项目进行考核评价。

实践项目考核评价表 3-声音剪辑

<table>
<tr><td colspan="4">分析作品名：</td><td colspan="2">分析的时间段：</td></tr>
<tr><td colspan="4">姓名：</td><td colspan="2">创作方式：</td></tr>
<tr><td colspan="6">拉片分析（声音剪辑）</td></tr>
<tr><td>序号</td><td>画面内容</td><td>声音属性</td><td>声画组合关系</td><td>声音组接方式</td><td>声音风格</td></tr>
<tr><td>1</td><td></td><td></td><td></td><td></td><td></td></tr>
<tr><td>2</td><td></td><td></td><td></td><td></td><td></td></tr>
<tr><td>3</td><td></td><td></td><td></td><td></td><td></td></tr>
<tr><td>…</td><td></td><td></td><td></td><td></td><td></td></tr>
<tr><td colspan="6">分析总结：</td></tr>
<tr><td colspan="6">指导老师评语：</td></tr>
</table>

第八章

剪辑的法则

【学习目标】

1. 熟知剪辑的术语，熟悉基本镜头的类型。
2. 掌握剪辑的六大法则。

第一节 基本镜头的类型

在视听节目的创作中，剪辑是创作的最后一个环节，剪辑师是创作过程中最后一个讲故事的人，他决定了观众最终能看到什么和能看多久。一个优秀的剪辑师必须了解一定的制片知识，熟知视听行业的术语，掌握节目制作的视觉语法，熟悉基本镜头类型，以便在剪辑阶段知晓如何以最好的形式排列镜头，以最佳的方式“展示”故事。

基本镜头是电影语言的主要组成部分，在影视行业里与其有关的术语有主镜头、定场镜头、全景镜头、中景镜头、特写镜头、双人镜头、过肩镜头、正反打镜头、插入镜头。

一 主镜头

主镜头往往容易出现在电影摄制和演播厅录制的节目中。它是指包含了一场戏的所有对白和动作的镜头，人物及人物所处的位置均囊括其中。主镜头多以长镜头、全景为主，包含了复杂的调度，涵盖了演员和摄像机在整场戏中的走位。主镜头和剧本一起构成了剪辑师的“剪辑指南”。在后期剪辑中，主镜头往往会被结构性地分割成各个部分，为剪辑师提供多个机位。当然，在一些特殊的场合，比如采用一镜到底摄制获得的镜头，往往会成为这一场戏的唯一一个镜头，不做任何剪辑而被保留。如电影《爱乐之城》的开头。

在后期的剪辑中，初学者依赖主镜头的调度来结构全片，但主镜头在多数情况下视角单一，节奏比较缓慢，无法满足观众多角度观看的需求。经验丰富的剪辑师往往会将主镜头切碎和其他不同角度的素材进行组合，以达到最佳的效果。

二 定场镜头

定场镜头是让观众识别事情发生的地点和环境的镜头，在剪辑中如果缺失定场镜头，会导致观众对场景中的人物活动环境、同一空间中多个人物之间的位置关系的理解产生混乱。图 8-1 中的 1 号画面便是典型的定场镜头。因为有了 1 号画面，观众才能建立起对于人物所处空间的统一感知，进而更好地理解影片中人物的空间位置关系。

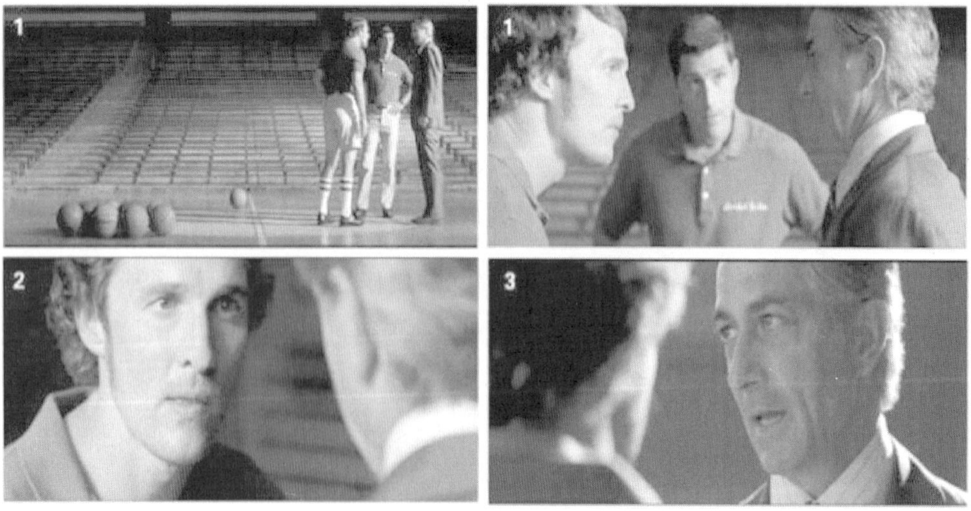

图 8-1　三人交谈图

定场镜头往往出现在一个情节片段的开头，或者是用于一场戏到另一场戏的过渡。它可以是一栋大楼的外观，一个城市的全景，或者是一个空间内的全景。

三 全景镜头

全景镜头是指允许观众看到画面中的物体和人物的镜头。它包含了中全景到大全景镜头之间的变化。中全景镜头方便观众识别画面中的人物，大全景则适合建立观众对环境的感知。主镜头通常是全景镜头，但全景镜头未必都是主镜头。

在一个视频片段里，全景镜头很难持续较长时间，这主要是因为全景镜头的视觉冲击力和表现力相对较弱，如果在一个视频里大量地运用，那么观众会因缺乏视觉重点而感觉镜头枯燥。通常情况下，全景镜头需要和其他景别配合来满足观众的整体和局部视觉需要（见图 8－2）。

图 8－2 《觉醒年代》中的陈独秀演讲全景镜头

四 中景镜头

中景镜头又称牛仔镜头，因刚好可以显示西部片中牛仔身上的手枪皮套而得名。中景镜头既可以展示人物及肢体动作，也能较好地反映人所处的环境（室内或室外、舞台、公寓、商场、森林等）和时间（白天或夜晚、季节）的一般细节。

中景镜头常常用在视距非常近的特写镜头到视野广阔的全景镜头之间的过渡。中景镜头与移动摄影配合时，非常适合表现被拍摄主体的运动状态，如演员的奔跑、散步或者冲向镜头的冲刺等（见图 8－3）。

图 8－3 《觉醒年代》中的中景镜头

五 特写镜头

特写镜头又被称为头部镜头，取景主要集中在面部，画面的重点是人物，人物所处的环境或时间信息很难在画框中体现。

在某种意义上，特写镜头是一场戏中最重要的镜头，能使观众清晰地通过演员的表情、反应或者蛛丝马迹深入角色的内心世界（见图 8－4）。

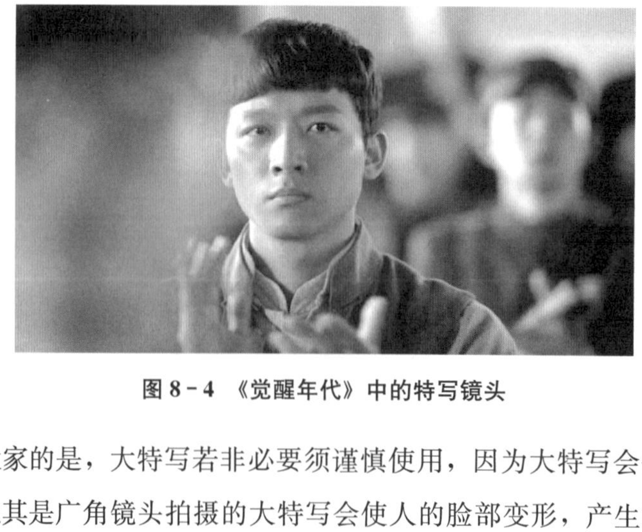

图 8－4 《觉醒年代》中的特写镜头

必须提醒大家的是，大特写若非必要须谨慎使用，因为大特写会使一场戏看上去“用力过猛”，尤其是广角镜头拍摄的大特写会使人的脸部变形，产生诡异之感。在电影《求求你，表扬我》中，范伟所饰演的民工杨红旗紧紧地跟随在主编的身后请求其发文表扬自己，主编猛回头，看到的就是杨红旗超近距离的大头画面，导演通过这个夸张变形的特写镜头技巧性地表达了主编猛回头时的视觉体验，对于观众而言很有代入感（见图 8-5）。

图 8-5 《求求你，表扬我》中的广角特写

六 双人镜头

双人镜头即展示两位演员的镜头。镜头中的两个人物要么同时面向镜头，要么面对面、侧影朝向镜头，景别以中景居多（见图 8-6）。

图 8-6 《觉醒年代》中的双人镜头

双人镜头在对话场景中非常有用，与全景镜头相比，它既能保持景别的亲密感，又能展示人物所处的空间，给予画面内部一些“喘息”的空间，能很好地描绘一个演员与另一个演员之间的关系。

值得一提的是，在对话剪辑中，双人镜头直接接特写镜头会让人在视觉上产生不适，解决方案通常是借助一个“跳板”。例如，角色 A 说话，当角色 B 开始回应时，可以从角色 B 的对话跳到角色 A 的特写镜头，而此时最佳的剪接点是这句话的高潮点。在电影《肖申克的救赎》里，老布与安迪办理监狱图书馆的交接时，一开始采用的是双人全景镜头，当老布问安迪有什么问题时，镜头很自然地切到了安迪的特写，随后两个人的对话就转化成了两人特写镜头的切换，流畅而自然（见图8－7）。

图8－7 《肖申克的救赎》中的双人镜头接特写镜头

双人镜头中如果需要增加人物，根据画幅中聚集的人数，可以构成三人镜头、小组镜头、群众镜头等。

七 过肩镜头

过肩镜头又称拉背镜头，在对话场景中与特写镜头的作用非常接近，但过肩镜头能使两个角色之间产生联结。对着镜头说话的演员的脸和其对话对象的肩部同框，二人之间会形成较好的交流感。因为有前景的衬托，过肩镜头往往会呈现出虚实相映的特点，在空间感上非常具有表现力（见图 8－8）。它不仅是轴线原则中的主要镜头之一，也是最适合表现人与人交流的镜头。

图8－8 《肖申克的救赎》中的过肩镜头

八　正反打镜头

反打镜头是指将前一个镜头的视线反转过来，即使摄像机从它原来的位置调转180度。反打镜头可以使观众从另一个角度看到场景和里面的人物，在表现对话、动作和舞蹈时非常有用。正反打镜头配合可以为场景增加真实性、多样性，使故事情节的展开更加清晰。图8－9是《霸王别姬》中一段精彩的正反打镜头组接。与多数对话场景不同的是，程蝶衣和段小楼背向而坐，两个人边化妆边交流，双方影像在镜子前后虚实呈现，与正反打镜头配合，细腻地呈现了两人在对话中的心理活动、情绪特色，成为影片中最具魅力的画面。

图8－9　《霸王别姬》中的正反打镜头组接

九　插入镜头

所有素材里最容易被忽略的就是插入镜头。插入镜头往往包含着许多关键信息，一旦缺失，就会使得整场戏的逻辑出现问题，或者因丢失关键信息而让观众觉得不可信。

例如，在《觉醒年代》第三集里，青年毛泽东首次亮相时大雨滂沱，毛泽东一路奔跑，其间导演不断插入大街上民不聊生的惨状：因躲避军队慌乱跌倒的百姓，大声叫卖孩子的老妇人，一脸污垢、瘦弱不堪的女孩，不远处轿车内大口吃着汉堡的富家子弟，匍匐在地、痛苦喊叫的乞丐。这几组插入镜头与毛泽东的奔跑相互交织，不仅体现了时代的特点，也表达了青年毛泽东对于苦难百姓的关注，展现了他忧国忧民的情怀，为人物后面的成长及性格特点埋下了伏笔。

第二节 剪辑的六大法则

新好莱坞运动中最为知名的剪辑师，同时参与《现代启示录》《教父 2》《教父 3》《英国病人》等多部电影作品剪辑工作的沃尔特·默奇在其著作《眨眼之间：电影剪辑的奥秘》里提出，一个理想镜头的切换需要同时满足六个条件①：忠实于彼时彼地的情感状态；推进故事；发生在节奏有趣的“正确时刻”；照顾到观众的视线在屏幕上的关注焦点的位置；尊重电影画面的二维平面特性，即通过摄影将三维空间转换成二维后的空间语法（比如 180 度轴线）；尊重画面所表现实际空间的三维连贯性（人物在空间中的位置和其他人物的相对关系）。沃尔特·默奇将这六点进行了重要性排序：情感（51%）、故事（23%）、节奏（10%）、视线追踪（7%）、二维特性（5%）、三维连贯性（4%）。

沃尔特·默奇所提出的剪辑的六大法则是剪辑技能里非常具有实用价值的“内功心法”，是一位杰出剪辑师对剪辑的深度思考和对影视与人性关系的洞见。不管剪辑软件如何更新，剪辑的理念如何更迭，这六大法则对于视听语言的创作都具有指导意义，是学习者在进行最基础的镜头组接之前必须知晓和明确的。

一 情感

剪辑的本质就是讲好故事。占据 51%重要性的情感就是讲好故事最关键的因素。在观影的过程中，剪辑师借助演员的表演和视听语言牵引着观众的视线和情绪。一位优秀的剪辑师会基于“忠实于彼时彼地的情感状态”的逻辑来筛选镜头，排列组合“情感”。比如一场争吵的戏，有两条素材表现的是同一内容：

素材 1：演员表演中规中矩，镜头无瑕疵。

素材 2：演员表演情绪饱满，表演激烈处甚至碰到了摄像机，造成画面的轻微抖动。

这种情形下，优秀的剪辑师更愿意选择素材 2，因为此时具有张力的情感状态才是

① 默奇．眨眼之间：电影剪辑的奥秘：第 2 版［M］．夏彤，译．北京：北京联合出版公司，2012：18－19.

影片最需要的画面，画面的稳定性、优美感退居其次。

情感在剪辑中处于“第一重要”的位置，这意味着当“情感”与后面的五点内容产生冲突时，即画面的情绪力量与故事、节奏、视线追踪、二维特性、三维连贯性发生冲突时，多数剪辑师会倾向于选择前者。比如在电影《全金属外壳》（1987 年）里，军官打了马修一拳，前一个镜头显示军官向后抽的是左手，而下一个镜头显示的是军官用右手出拳，这个典型的穿帮动作几乎没有观众会在意，因为在这场戏里，观众的视线完全被故事所带动，被故事的情感张力所牵引，根本没有留意这个穿帮问题。

电视剧《以家人之名》片段

一部优秀的作品，情绪总是丰富多变而又自然推进的。如果长时间让观众陷于某种情绪中，观众很快就会厌弃、疲惫。比如，影片没完没了地将悲伤的镜头放慢进行剪辑，会让观众产生“煽情过度”的反感情绪；大段大段的打斗、争吵配合快切会让观众头昏脑涨，产生不适。为了达到一种自然的情绪变化，剪辑师常常会动用多种视听元素去助推或者缓冲观众的情绪。在电视剧《以家人之名》的第二集里，陈婷为了让小凌霄交出全家福照片而冲过去打骂孩子，一旁的凌父阻止，结果陈婷大发雷霆，凌父好言相劝，但陈婷的神经质很快让场面失控，两人的情绪越来越激动。镜头在极力体现两个成年人激动情绪的升级时，还不时地切入小凌霄委屈受伤、受到惊吓的表情。凌父心痛儿子被此事刺激，情绪也越来越激动，当陈婷冲着小凌霄喊“是他害死了女儿”时，凌父一怒之下掌掴陈婷，激烈的争吵就此终结。剪辑师没有急于用转场结束这一切，而是用缓慢的节奏切换了四个固定镜头，逐渐冷却情绪的高温，这场争吵也归于平静（见图 8－10）。

在这个片段的剪辑中，剪辑师遵从了故事情感的需要，用 60 秒的时间推进情绪的升温，使得最后“耳光”的出现变得合情合理，如果删除了中间情绪积累的部分，让陈婷一出场就发脾气，凌父上来就是一个耳光，那么观众将会觉得莫名其妙，整个故事也会变得虚假而粗糙。

二 故事

对于创作者而言，用影像讲故事既是手段，也是目的。视听节目的每个镜头都蕴含着一定的信息，剪辑师要做的就是努力去发掘镜头与镜头之间的关联，把它们连贯成故事。纪录片《王朝》中有这样一段剪辑：前一组镜头是杂色群狼在草原奔驰，头狼缓慢

图 8－10 《以家人之名》截图

行走；后一组镜头是悠闲的鹿群，有鹿抬头张望（见图 8－11）。这些镜头是在不同的时空中获得的，分开来看意义非常简单，但把它们组接在一起，使镜头之间产生关联，连贯在一起之后的镜头就产生了新的意义：群狼环伺，逐步向猎物靠近，鹿群意识到危险来临，一场追逐与杀戮即将展开。导演用影像构建起全新的故事逻辑，牵引观众进入故事的情境里。

图 8－11 《王朝》中杂色群狼偷袭鹿群

用影像讲故事是剪辑师的工作重点，在剪辑过程中，剪辑师需要把多个片段组合成一个完整的故事。每一次的剪切都应该能够推动故事的发展，任何次要的、无助于推动情节发展的镜头，哪怕再精美、花费了再多的人力和物力，都应该被毫不犹豫地舍弃。只有这样，故事才有可能是紧凑的、精彩的。

三 节奏

面对一大堆的素材，如果剪辑师内心没有节奏意识，那么剪辑就很容易失去控制，变得随意而纷乱。事实上，任何事情都有属于自己的节奏。迈克尔·拉毕格在《导演创作完全手册》里借用茶婆子（自动煮茶机）的工作原理生动地诠释了节奏在一个戏剧单元里的表现：

(1) 睡觉之前，将金属罐装满水，茶包装进茶壶，把它们并排摆放，设置好闹钟。

(2) 闹钟到了指定时间，加热器自动打开。刚开始的隆隆声很快就变成水烧开的嘶嘶声。

(3) 水蒸气的压力将水从金属罐压入茶壶。水从一个容器转移到其他容器时的重量变化会使支撑平台倾斜，电流随之被切断，开始泡茶。

(4) 当刚才一阵喧闹平息下来后，你小心地揭开盖子享受一壶新鲜的茶。

迈克尔·拉毕格指出，(1)(2) 都是节奏预先积聚的过程，只有 (3) 才是真正戏剧节拍的开始。水蒸气的压力到达顶点的时刻，是压力达到最高、最危险的时刻，这个时刻不可逆转，经历这个高点，危险会自动解除，使用者便可以安全地享受温馨的一刻。好的故事节奏就如同用茶婆子煮茶一般，节奏是鲜明而生动的：从开端的酝酿到中部的跌宕，再到高潮的释放，结尾或是从余波的小幅震荡到归于平静，或是在高潮释放中戛然而止，故事的节奏线型应当是曲线而非直线，每一个发展阶段都暗含着动静的变化、高低的起伏。图 8-12 用弧线的方式表现了一个单元桥段里戏剧节奏的变化。[①]

当然在故事之外，节奏还表现在一些环节的细节里。比如，人物的对白中，说话的语速是节奏；人物的行动，动作的快慢是节奏；人物情绪的紧张与松弛也是节奏。

沃尔特·默奇说镜头的切换“发生在一个有趣的富有节奏的并且是对的时刻”，这句话道出了节奏的实质，即节奏就其本身而言没有好坏之分，只要适应于故事基调，体

---

① 拉毕格．导演创作完全手册：插图修订第4版［M］．唐培林，译．成都：四川人民出版社，2019：33.

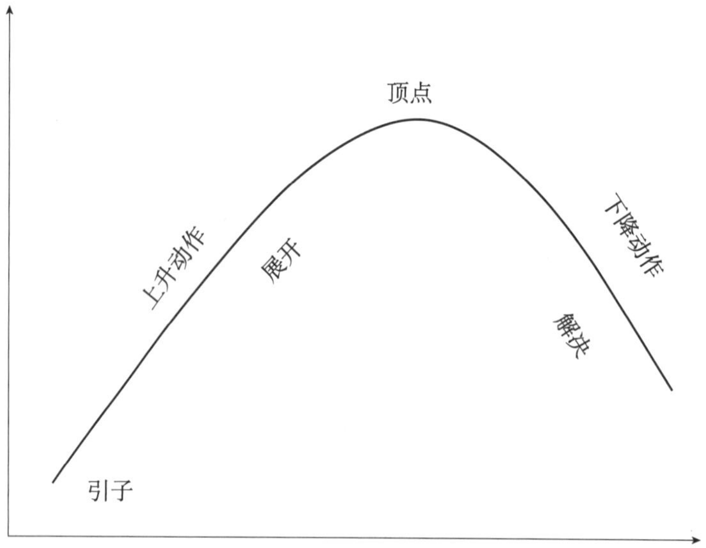

图 8-12　戏剧节奏弧线图

现的效果是天衣无缝的，使观众忽视了剪辑的存在，沉浸在影片里，那就是成功的节奏，也是成功的剪辑。

节奏是一个复杂而有趣的话题，我们会在后面的章节里专门介绍。

情感、故事、节奏这三项占据了作品重要性的 84%，它们紧密相连，是决定一部作品成功与否的关键。

四　视线追踪、二维特性、三维连贯性

之所以把视线追踪、二维特性、三维连贯性这三点结合在一起分析，并不是因为这三者的重要性不够强，而是因为这三者都涉及镜头组接的最基本原则。

视线追踪是对观众的视觉引导。剪辑师想让观众看哪里，就应该用剪辑的手法把观众的视觉焦点往那个地方引。我们把屏幕划分为四个象限，如果镜头中主体的运动从一个象限向另一个象限移动，那么观众的注意力也会随之移动，这就是视线追踪（见图 8-13）。

既然要引导观众的视线焦点，就必须理解观众观看视听节目时的视觉特点。通常来说，如果画面当中绝大多数物体都是运动的，那么观众的视线会更容易聚焦到静态的物体上；相反，若画面当中绝大多数物体都是静止的，观众视线则更容易聚焦到运动的物体上；如果画面中有人，那么观众的视线会特别留意人的眼睛，画面中的人看

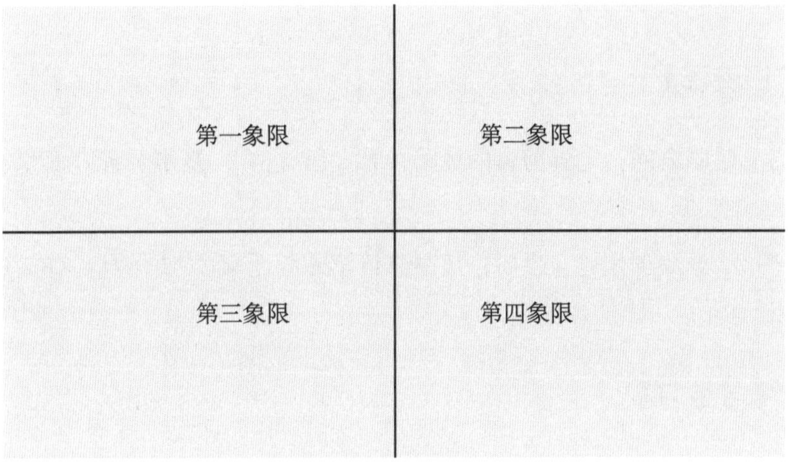

图 8－13 屏幕的四个象限

什么，观众就会跟随画面中的人看什么。掌握了这一点，关于视线追踪的剪辑就变得不那么神秘了。

来看央视微纪录片《如果国宝会说话 2》的先导片。为了吸引更多的年轻人观看历史题材的纪录片，剪辑师在进行创作时，非常聪明地采用了年轻人喜爱的动感字幕与画面配合的形式。字幕集中在画框的正中央，以动感姿态牵引着观众的视线，画面当中的主体也基本聚集在画框的中间，观众的视线在动感字幕中被牢牢牵引，注意力也很容易被集中在屏幕上，效果非常明显。

央视微纪录片《如果国宝会说话 2》先导片

二维特性（180 度轴线）、三维连贯性（人物在空间中的位置关系与其他人物的相对关系）都与轴线规律密不可分，我们将在后面章节里详细讲解。

沃尔特·默奇的六大剪辑法则，从创作理念的角度建立起了一套实用的法则。在这个法则里，从情感到三维连贯性，依次代表着重要性的逐级递减。绝大多数情况下，这六向度是可以很好地兼顾的，但一旦六者之间出现冲突，剪辑师就要坚守优先的顺序原则，即在现实的编辑工作中，当不得不放弃其中某一项原则时，不要尝试用牺牲情感来照顾故事，牺牲故事来照顾节奏，牺牲节奏来照顾视线追踪，牺牲视线追踪来照顾二维特性，牺牲二维特性来照顾三维连贯性。因为满足高层次的向度需求就意味着掩盖低层次的缺陷，会让观众忽略“瑕疵”的存在。

世界如此之大，剪辑千变万化。剪辑师内心有坚持才能以不变应万变，沃尔特·默奇的六大剪辑法则是剪辑师值得信赖的“剪辑之道”和“内功心法”，是用影像讲述精彩的故事时必须重视并遵从的。

【扩展资源】

1. 默奇．眨眼之间：电影剪辑的奥秘：第 2 版［M］．夏彤，译，北京：北京联合出版公司，2012.

2. 拉毕格．导演创作完全手册：插图修订第 4 版［M］．唐培林，译．成都：四川人民出版社，2019.

【思考与练习】

1. 为什么“情感”会处于剪辑法则绝对重要的位置？

2. 如何理解戏剧单元内的节奏？

【实践项目】

结合本章所学，以“青春的故事”为题，创作一部 3 分钟左右的微电影。

可参考下表形式对实践项目进行考核评价。

实践项目考核评价表

<table>
<tr><td>任务</td><td colspan="5"></td></tr>
<tr><td>创作方式</td><td></td><td>姓名</td><td colspan="3"></td></tr>
<tr><td>具体内容</td><td colspan="5"></td></tr>
<tr><td>成果表现形式</td><td colspan="5"></td></tr>
<tr><td>实践小结</td><td colspan="5"></td></tr>
<tr><td>自我评价
（满分 30 分）</td><td colspan="3">1. 实践态度（10 分）
2. 解决现实问题的能力（20 分）</td><td>评分</td><td></td></tr>
<tr><td>学生互评
（满分 30 分）</td><td colspan="3">1. 协调能力、组织能力评价（15 分）
2. 实践小结完成度（15 分）</td><td>评分</td><td></td></tr>
<tr><td>指导老师评语与评价
（满分 40 分）</td><td colspan="5">总分：</td></tr>
</table>

第九章

镜头的组接

【学习目标】

1. 掌握选择镜头的实践准则，采取正确的剪辑方式解决问题。

2. 掌握轴线原则，灵活采取措施合理越轴。

3. 理解不同类别的剪辑点的处理方法，能精确地确定镜头的剪辑点。

4. 理解压缩时间和扩展时间的技巧，并在实际剪辑中灵活运用。

5. 理解场景与段落的关系，掌握转场的方式，并在实际剪辑中选择恰当的方式完成段落和场景的转换。

第一节 镜头的选择

镜头的选择是后期剪辑最重要的任务，是一个复杂的、有意识的取舍过程。不同的剪辑师面对同样的素材，会因为编辑思想、创作意图、审美意识等因素的影响做出不同的判断。

比如，有这样一个情节：年轻人无意当中获得了一件案件的重要证物，在不知情的情况下将其带回了家里，而此时家中已经有打手埋伏，年轻人被打、证物被抢，他带伤出逃，昏倒在路上，被路过的人送到医院。素材如下：

（1）男子掏出钥匙，进门。

（2）男子打开灯，露出惊讶的表情。

（3）屋内一片狼藉。

（4）住所内，男子被毒打，倒地。

（5）打手头子拿走男子手里紧抓的文件袋，扬长而去。

（6）大街上，男子满脸是血，步履蹒跚，一头栽倒在地上。

（7）一对恋人走在街上。

（8）一对恋人发现昏倒的男子，紧急施救，并将之送上救护车。

面对这些素材，剪辑师会根据自己的判断进行以下不同的镜头取舍及排列组合：

A：（1）→（2）→（3）→（4）→（5）→（6）→（7）→（8）。

B：（1）→（2）→（7）→（4）→（5）→（6）→（8）。

C：（1）→（4）→（7）→（6）→（8）。

三种不同的选择，体现出剪辑师在素材处理及节奏把控上的差异。在A方案的剪辑中，剪辑师对所有的素材都进行了保留，平铺直叙，节奏略显迟缓。在B方案中，剪辑师没有直接告知观众男子在家中究竟发现了什么，而是插入一对恋人在街上行走的镜头，看似无关的镜头却为后面男子被抢并出逃后被这一对恋人所救埋下了伏笔，同时观众也能从前后镜头的组接中推断出男子开门后为什么惊讶。B方案节奏紧凑，悬念感十足。C方案省略了一些细节信息，故事的节奏比较快，但证物究竟有没有被抢走剪辑没有做出交代。

对于剪辑师而言，镜头的取舍从来都是为叙事服务的。面对素材，身为剪辑师要能清楚地判断在一段叙事中哪些是故事的兴奋点，找准了兴奋点，就可以围绕它大张旗鼓地“放大突出”，这样才能让故事变得精彩。

央视新闻《开往春天的北京地铁》

比如，在中央电视台《朝闻天下》的走基层蹲点日记中，《开往春天的北京地铁》记录了北京早高峰时段地铁的拥挤情况，为了表现西二旗地铁站的拥挤，剪辑师针对“下车的下不来，又被挤回车厢”这一情况，进行了非常精细的“镜头描写”（见图9-1）。剪辑师先是选用俯拍画面，展现了车门口的拥堵，然后通过模糊特技虚化掉次要乘客，只保留一个下车男子被挤回车厢后“艰难跋涉”下车的清晰画面。为了进一步强调突出，剪辑师又选用了另一台摄像机所拍摄到的侧面大景，同样将其他无关人物虚化，放慢主体的动作，用移动的镜头对主体人物的运动轨迹进行了展示。通过丰富的角度和多元化的呈现，剪辑师用影像将早高峰的“拥挤”描写得细致而生动，充满了真实的力量。

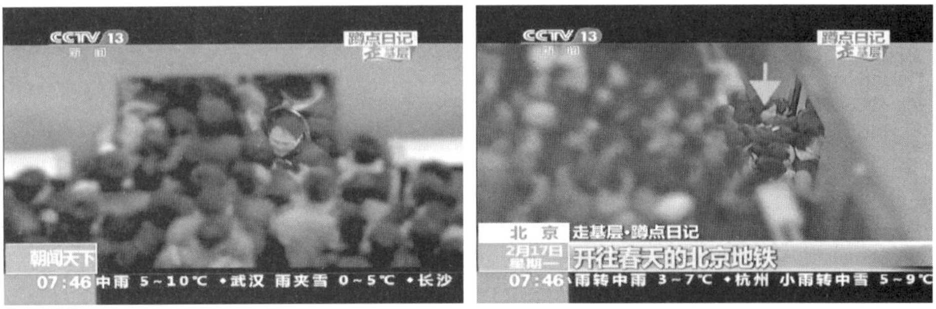

图 9-1 央视新闻《开往春天的北京地铁》截图

画面的编辑犹如行文写作，镜头的选择过程就是遣词造句的过程，或许没有具体的模式提供给大家，但结合长期的实践，在镜头的挑选上为大家提供如下建议。

一 谨慎使用天头留白镜头

在双人场景或者双人对话剪辑中，要避免将正确构图的天头留白镜头与一个不正确的天头留白镜头直接组接，这样的组接会让其中一个人的身高突然发生变化（见图 9-2）。

图 9-2 对话场景镜头切换失误

如果是单人镜头的切换，这样组接也是失败的，因为这会让人物在画框中看起来上下跳动，使得画面剪辑不流畅（见图 9-3）。

正确的天头留白镜头组接应当是前后镜头在天头留白上保持一致（见图 9-4）。如果在实际剪辑中出现前后镜头天头留白不一致的情况，则可以借助剪辑软件调整镜头尺寸、变化镜头画幅，这种做法往往会以牺牲画质为代价。但如果双人对话中前后两个

图 9－3　单人场景镜头切换失误

镜头都是不正确的天头留白画面，这时画面之间的差异会被消解，观众可能会因为被剧情吸引而忽略了这种构图上的失误。若非万不得已，一般不建议这样做。

图 9－4　对话场景镜头正确组接

二　舍弃头部“长物体”的镜头

固定镜头中，如果背景中的物体离人物头部过近，会产生头部“长物体”的视觉错误（见图 9－5）。这种镜头是典型的由前期拍摄失误造成的，不应该出现在视听节目成品中，遇到这种镜头，没有任何方法修正，只能果断舍弃。但如果镜头是运动镜头，头部“长物体”只是瞬间停留，那么可以不用有此顾虑。

图 9－5　头部“长物体”的镜头

三　避免使用画幅边缘被遮挡的镜头

在素材中可能存在画幅边缘切掉人脸或身体的镜头，这样的镜头从构图的美观性来讲不太容易被观众接受，在剪辑中要尽量避免使用（见图 9－6）。但如果它们是横移镜头或者摇镜头的一部分，或者是长镜头中主体短暂的超出画框后又恢复正常的镜头，则另当别论。一般来讲，如果人物的半张脸出现在镜头中而同样的半张脸又被切入下一个镜头中的话，就很容易造成跳切，或是动作、轴线传递、屏幕方向不连贯的问题，因此在镜头选择中要慎用。

图 9－6　画幅边缘被遮挡的镜头

四　注意上下镜头的匹配

在使用不同镜头构成场景时，剪辑师要避免随意地选择镜头，每一次的剪切都应该由上一个镜头引出。因此，在进行镜头的选择时，必须考虑上下镜头之间的匹配。

这些匹配主要体现在上下镜头之间的焦距、色彩、影调、运动速度、主体在画面中的位置、动作、视线等因素的一致性上。

举一个例子，如果上一个镜头是主角朝画框的右边扔出篮球，而下一个镜头是有人跳跃起来接球，那么接的球应当是从画框的左边飞向右边的，这样的镜头组合才是顺畅的。

常见的两人对话交流或者隔空电话交流的镜头切换也是如此。如果前一个镜头中女主角的脸朝向画框的右边，那么下一个镜头只能选择男主角脸部朝画框左边的画面，这样才能让观众很清楚地理解两个人是在对话，彼此之间有呼应。如果前后两个镜头都选择脸部朝左边画框的镜头进行组接，那么观众会觉得男女主角之间并没有交流，而是在自说自话。

另外，同场景情况下，在进行交流双方的镜头切换时还要留意前后两个镜头的景深范围要保持一致，否则，也很容易让观众产生虚假的感觉。

镜头的选择是镜头组接的基础，是非常重要、复杂的一步，镜头选择的恰当与否、巧妙与否直接反映了剪辑师的专业素养，也直接影响着一部作品的质量。

第二节 镜头组接的基本原则

视听节目是由一系列的镜头按照一定的排列顺序组接而成的。如果用写作来打比方的话，那么可以这样理解一个完整的视听节目的编辑工作：单个镜头组接成句子，句子形成段落，段落形成篇章，篇章形成作品。其间，镜头的组接如果随心所欲的话，就很有可能会造成逻辑混乱，令人费解。下面是镜头组接的基本原则，也是剪辑师工作中的通用规则。

一 逻辑性原则

人们很容易在相邻两个事物，或者说相邻两个镜头之间建立某种逻辑关联。以下四种关系是最常见的逻辑关系，分别是因果关系、并列关系、对应关系和对比关系。

（一）因果关系

因果关系是事物间最常见的逻辑关系。一定的原因会引起相应的后果，这是事物发展的规律，也是观众在观看节目时的常规思维。当观众看到一个动作时，会下意识地想知道这个动作将带来什么结果；反之，当看到一件事情的结果时，会希望了解导致这一结果的原因。来看下面两组镜头：

（1）小男孩踮着脚伸手去拿桌上的东西→花瓶从桌子上跌落。

联想：花瓶被小男孩打碎了。

（2）地面是打碎了的花瓶→小男孩站在碎片旁边，不知所措。

联想：小男孩打碎了花瓶。

上面两组镜头的组接都符合我们对于事件因果关系的推导，因而很容易被观众接受。

（二）并列关系

相互关联的两件事或者几件事同一时间在不同地点发生，或者某一时间内某一事件在不同范围内产生相互关联的反应，都属于并列关系。比如，黄金周高速公路上车水马龙的画面，接上各大旅游景点人满为患的画面，再接上商店里人来人往的画面，这几组画面之间就是并列关系。

并列关系主要体现在通过镜头组接并列表现两条或两条以上的情节线索，揭示现象之间的联系，省略过场戏，加快节奏，渲染气氛，又有助于表现事物的深度和广度，增加信息容量。

在《花儿与少年》的宣传短片中，导演非常巧妙地将几位明星的单独亮相用快切的方式剪辑在一起，然后又将他们在各个地方开心玩乐的镜头组接在一起，节奏明快，流畅清晰，这就是典型的并列关系。

（三）对应关系

对应关系主要指的是一个动作、一个事件所引起的反应。比如，赛场上运动员一记远射，球进门，观众兴奋得起立鼓掌欢呼，这就是反应关系。值得一提的是，反应镜头的插入要注意时机，一般都应置于反应高潮点上。

如果在动作连续性很强的镜头中插入反应镜头，则很容易破坏动作的连续性，影响观看效果。比如，现场直播篮球赛时，最后一秒运动员投球，如果此时因插入观众席的反应镜头而错过了篮球是否入筐的画面，就是人为打断观众的观看，容易引发观众的不满。

对应关系可以超越时空，形成镜头之间的相互呼应。比如，在中国申办 2008 年奥运会成功的宣传片里，当萨马兰奇宣布北京是举办城市时，反应镜头切的是北京和全国各地人民得知喜讯后一片欢呼的场景。

（四）对比关系

生活中充满了矛盾和冲突，这本身就是生活的逻辑。将不具时空连续性的镜头组接在一起，通过镜头（或场面、段落）内容和形式上的强烈对比，可以制造对比效果。对比组接可以直观地强化两个镜头之间的差异，引发观众的思考和共鸣，有较强的感染力。纪录片《再说长江》是《话说长江》的续篇，为了表现长江两岸 20 多年间的巨变，《再说长江》非常技巧性地选择了 20 多年前《话说长江》中的南京长江大桥、重庆朝天门码头等画面，与 20 多年后拍摄的画面进行组接，同样的地点、同样的运镜方式，20 多年前后的对比，昔日的古旧被今天的繁华替代，改革开放带来的发展变化在对比中得以清晰呈现。

二 时空一致性原则

视听节目一般都是按分镜头拍摄的。不同的镜头的拍摄时间、地点往往有所不同，因此在组接镜头时，一定要注意一致性和连贯性，要不然就会出现穿帮。一致性和连贯性主要体现在以下三个方面。

（一）时间连续

把动作、事件的发展过程通过镜头组接清晰地反映出来，是剪辑工作最常做的。组接镜头时，如果忽略了时间的连贯性，就会造成逻辑混乱。

比如，要表现领导到某部队视察，前一个镜头是领导和战士握手告别，登上飞机离开，而下一个镜头接的是领导检查营区建设的画面，就会让人感到迷惑。

（二）空间连贯

镜头组接经常要在大幅度的空间跳跃中建立连续的空间感觉，这就要求组接镜头时要有连续空间的概念。一般来讲，我们需要借助某些环境、参照物制造视觉上的空间统一感，让观众相信他们所看到的动作、事件是发生在同一空间内的。图 9 - 7 是一则泰国广告的截图，女主角每换一个地方，都会有一个全景镜头交代她所处的空间环境，然后再接细部的画面，在人物的运动走向上也特别注意到了方向的一致性。

在进行这类镜头组接的时候，要注意两个问题：

第一，事先要有对整个空间环境的交代，最好用全景镜头等景别较大的镜头，帮助观众建立对空间的认识。比如图 9 - 7 中的图（1）、图（4）、图（6）、图（7）、图（12）就利用全景镜头交代了空间的变化。

第二，运用近景、特写等镜头时要选好参照物，淡化背景，以免露出破绽。

图 9-7　泰国广告截图

（三）心理连贯

将具有相似环境和背景的画面组接在一起，可以形成心理上的空间统一感。比如在影片《穿普拉达的女王》里就有这样的桥段：女主角一直在行进，她的着装不停地变化，身处的环境背景也不同，但我们仍然能在此类变化中感觉到连续感，产生她是在上班途中的印象，这就是心理的连贯。

当然，在现实的剪辑中，常常会出现镜头不足，需要补拍的情况。有时为了补拍的方便，导演往往会选择与前后镜头相似的环境，补拍主体活动的小景别画面，比如特写、近景等，尽量淡化或者虚化环境特点。补拍的镜头与具有相似环境或相似背景的画面组接在一起，观众在视觉上会认为这几个画面是在同一时空拍摄的，这也是心理的连贯。

三　轴线原则

轴线原则，也称轴线规律，是指当使用多个画面表现同一个场景时，摄像机应当被设置在被拍摄主体所形成的轴线的同一侧，即 180 度角的范围内。180 度轴线原则是轴线原则的“基础款”，在此基础之上还可派生出 30 度原则等。轴线原则一方面是前期拍摄时，机位设置及镜头调度应当遵循的一般规律；另一方面也是后期剪辑中，镜头组接应当遵循的一般规律。

拓展阅读：关于轴线原则的一些应用

轴线原则在视听节目创作中非常重要，涉及前期拍摄和后期剪辑，比较复杂，在后面的章节里我们将详细给大家讲解。

四 适应观众心理原则

人在观察事物时一般都是循序渐进的，要么是先整体后局部，要么是先局部后整体，又或者是在分析整个过程中循环往复。所以，很多影片在开头一般会采用先全景，后逐步推进的前进式句型，而在影片结束时采用近景逐渐拉远的后退式句型。

在进行镜头剪辑时，如果前后两个相邻镜头的景别差异不大，且拍摄时前后两个镜头之间的物理角度不足 30 度，将两者组接在一起就会产生非常明显的跳动感，这就是跳切。跳切是违背隐形剪辑要求的，它会导致画面产生视觉跳动，令观众感觉突兀、不自然、不正常。如图 9－8 所示，一号画面与二号画面，三号画面与四号画面景别类似，拍摄角度相近，将它们直接组接在一起，就会产生“跳”的感觉。

图 9－8 《杨澜访谈录》镜头组接“跳切”示例

图 9－9 为正确的组接方式，前后几个镜头之间的拍摄角度、景别的差别比较大，比较好地避免了跳切的情况发生，整体视觉效果是平滑流畅的。

图 9－9 《杨澜访谈录》镜头顺畅组接示例

如何避免跳切呢？下面两点值得注意：

第一，遵守 30 度轴线原则。30 度轴线原则是基于 180 度轴线原则而来的，要求摄像师以 180 度线为基准将摄像机向同侧移动至少 30 度，然后重新以新的机位拍摄主体，以保证拍摄的画面满足后期剪辑的需要。

第二，前期拍摄时，如条件允许，应尽可能多拍摄不同主体、景别和角度的镜头，包括一定数量的特写镜头和空镜头，以免在后期剪辑时发生因镜头缺少而被迫出现跳切的情况。这一点在一些新闻采访类节目中尤其要注意。

但在一些特殊情况下，跳切会产生奇妙的视觉效果。由于跳切给观众带来的视觉是突兀的，所以从某种意义上看跳切会有强化动荡、不安定，制造吃惊、紧张、崩溃的效果。比如在《罗拉快跑》里，剪辑师一口气用了十几个跳切来表现罗拉接到男友的求救电话之后高度焦虑、紧张的情绪（见图 9－10）。

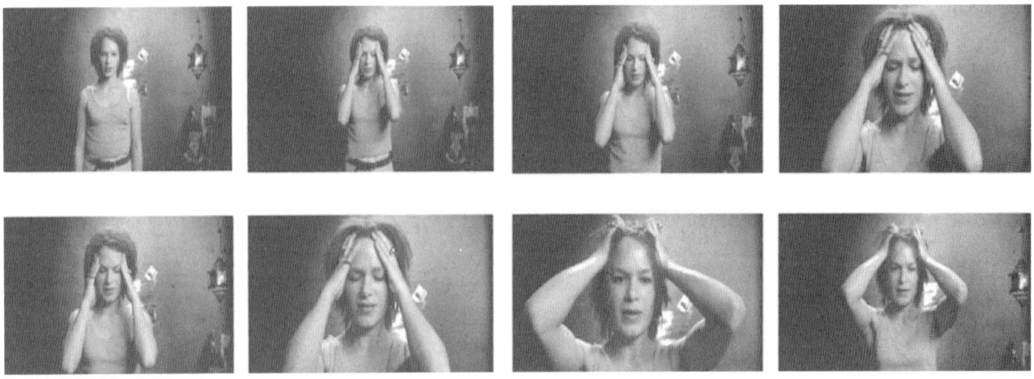

图 9－10 《罗拉快跑》里的跳切组接

五 光色方案统一原则

镜头组接要保持亮度、影调和色调的连贯性，尽量避免出现没有必要的光色跳动。光的方向和色彩的搭配要保持一致。

在屏幕上，短时间内光线的急剧变化、前后画面的色彩反差太大都会给人闪烁的感觉，我们称之为闪屏。闪屏会造成观众视觉上的不舒服，甚至是时空逻辑的混乱。

比如，在前期拍摄中，摄像师没有调整好白平衡，几次拍摄的镜头之间存在明显的色温差异，这时，原本发生在同一空间里的事件，就因为场景背景颜色和画面色调有了明显的变化而被观众认为空间发生了转换。这种情况也容易出现在用不同品牌、不同型号的摄录设备在拍摄同一场景时，因为设备的性能不同而造成画质的差异。比如，佳能单反相机拍摄的视频色彩亮丽，而索尼单反相机拍摄的视频色彩偏淡，如果不进行后期的调整，将这两台设备所拍摄的画面直接组接，那么二者在光色上的差异会让观众在视觉上产生混乱之感。

如果必须将影调和色调对比过于强烈的镜头组接在一起，剪辑师通常会安排一些中间影调和色调的衔接镜头进行过渡，或者是通过添加一个叠化效果进行缓冲。比如，从大白天到夜晚，光色变化非常大，一般都会接一个太阳下山或是华灯初上的延时镜头来缓冲一下，以避免视觉上的突兀。

六 声画匹配原则

一部剪辑精美的作品，如果被对白声音听不清、声画不同步等问题污染或是被不合时宜的音效干扰，就可能会变得非常难看。相反，适合画面的声音，大小适中的音量，高质量、高保真的声音会增强画面的效果。因此，在剪辑工作中，对于声音的剪辑不容轻视。

声画匹配是指要把握声音近强远弱的特性，不要出现一些常识性错误。同时要注意声音与环境的关系，保证音响效果的真实性。要善于运用空气声和环境声，不要出现突然的静音，完全没有任何声音的静音是非常奇怪的，所以要谨慎使用。还有就是后期与配音要注意声画同步。

剪辑是创意工作，没有固定的公式可以套用，这里给大家讲的是剪辑时的基本原则，在实践中要活学活用，既不能弃之不顾，也不能生搬硬套，要坚持围绕创作目的、围绕故事选择最适合的表现方式去强化作品的表现力。

第三节 轴线规律

镜头的方向性是关系镜头组接连贯流畅的重要因素之一。在视听节目画面中，被拍摄主体的方向不是由主体本身的方向决定的，而是由摄像机的拍摄方向决定的。换言之，摄像机机位不同，被拍摄主体在画框中的位置就会不同。因此，在处理相邻两个镜头之间的方向关系时，必须充分考虑这一点，熟悉轴线规律，以保持画面空间的统一感和完整感。

一　轴线与轴线规律

轴线，又称关系线、运动线、180 度线，是拍摄中为保证空间统一感而形成的一条无形假想线，它直接影响着镜头的调度。

轴线规律的目的是保证被拍摄主体在画面空间位置上的正确和方向上的统一。任何越过这条轴线所拍摄的镜头，都会造成视点的颠倒，观众将迷失方向和目标。

根据被拍摄主体在画框中的位置或运动状态，轴线可分为动作轴线、关系轴线、方向轴线三种。

（一）动作轴线（运动轴线）

动作轴线由被拍摄主体的运动方向、路线及轨迹构成，它是一条假想线，既可以是直线，也可以是曲线。为了保持运动主体在画面中的运动方向前后一致，剪辑时应该将从运动轴线同一侧拍摄的画面直接组接在一起（见图 9－11）。如果把不同侧拍摄的镜头组接在一起，画面中主体的运动方向就会出现前后相反的情况（见图 9－12）。

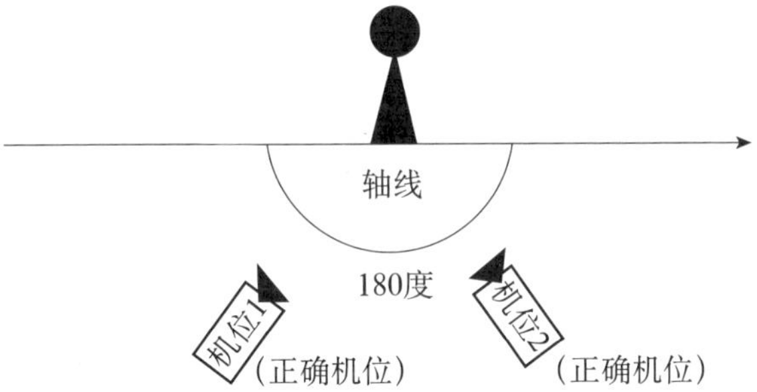

图 9－11　动作轴线正确机位示意图

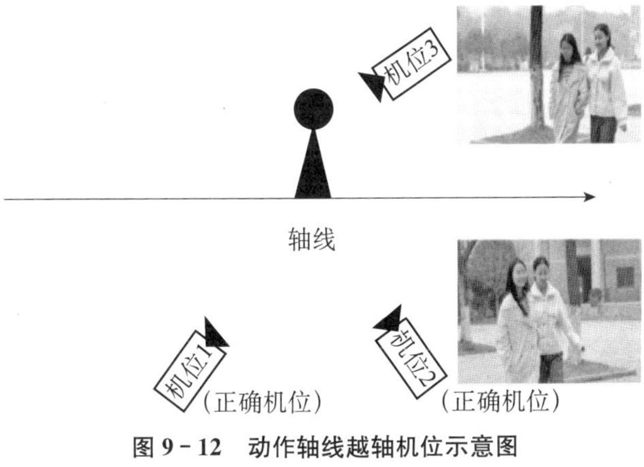

图 9－12　动作轴线越轴机位示意图

在 NBA 篮球赛的赛场上，全场有 24 台摄像机同时拍摄，这 24 台摄像机会全部架设在篮球场的同一侧进行拍摄，不会这边有机位，对面也有机位，因为一旦跨越了篮球架之间的方位轴线，攻守位置关系就会反过来，镜头切换时，就会出现某一队一会往左边是进攻，一会往右边是进攻的情况，会让观众看糊涂。田径比赛也是如此，通常只在跑道的一侧架设机位，绝不会在两侧同时架机位，否则拍摄的画面将无法实现切换和组接。图 9－13 中（b）号图的镜头显然是越轴获得的，当它与（a）号、（c）号图的镜头组接时，观众就会迷茫，弄不清楚人物运动的方向。

图 9－13　体育赛事画面越轴组接展示

（二）关系轴线

关系轴线是指两个或两个以上静态主体每两者之间的连接线。如果镜头内只有两个主体，那么只形成一条关系轴线，拍摄各个主体的总方向必须保持在这条关系轴线的 180 度以内。如果屏幕上出现三个或者更多的主体，那么每两个主体之间都可以形成一条关系轴线，主体越多、轴线越多，拍摄的总方向只能设定在每两条轴线之间的夹角内。图 9－14 是三人镜头的轴线示例。

（三）方向轴线

方向轴线是指处于相对静止状态的人物视线与其所看到的物体之间构成的轴线。所谓“相对静止”，是指人没有离开所处位置的较大幅度移动，但不排除人物肢体局部的动作。方向轴线不同于运动轴线，它必须是一条直线，只有这样，人物的视线才是连贯的。

画面中主体动作方向比较丰富，在组接时要按照事物内在的逻辑联系来表现。如果主体的角度发生变化，那么与主体视角相组接的镜头也要随之变化。比如主体登高鸟瞰，那么转接的画面应该是俯拍画面；如果主体抬头仰望，那么转接的画面应该是仰拍画面；如果主体环顾四周，那么转接的画面应该是与主体同视点、同方向的摇镜头。

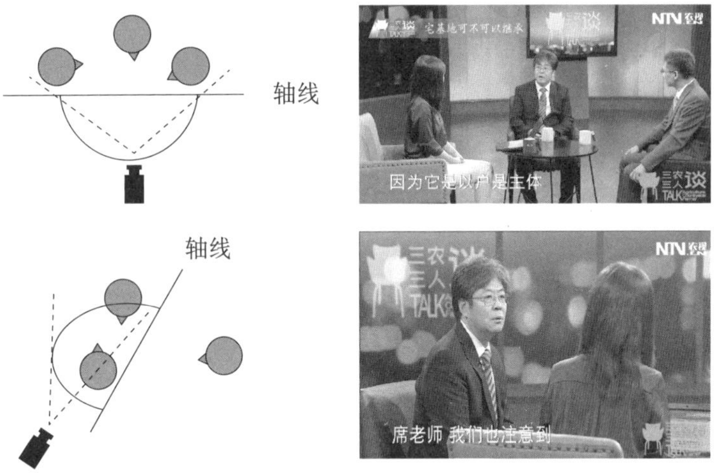

图 9－14　《三农三人谈》的截图及机位图

二　几种复杂轴线情况的应用

既然轴线规律如此重要，那么在现实的剪辑中究竟该如何运用它呢？接下来我们就剪辑中出现的与轴线有关的几种复杂情形进行分析讲解。

（一）双人对话

以一男一女面对面对话为例，其典型的机位如图 9－15 所示。其中，(7) 号和 (9) 号镜头为外反拍角度，前景的演员背对着镜头，处于后景的演员此时是画面表现的主体。(3) 号和 (4) 号镜头为内反拍角度，内反拍镜头只表现一个演员，将摄影机放在两个人物之间对人物分别拍摄，这一效果表现了镜头外的那个演员的视点。(1) 号和 (2) 号镜头为骑轴镜头，骑轴镜头属于内反拍角度一种极端的位置，将摄影机放在轴线上进行两个人物之间的拍摄，此时拍摄的画面为演员的正面镜头。(5) 号和 (6) 号镜头为平行镜头，摄影机平行于演员进行拍摄，此时拍摄的画面是演员的侧面，在平行的位置只能各拍一个演员。(8) 号镜头通常是主镜头，多为全景。

双人对话的轴线关系比较简单，只需要遵循 180 度轴线原则，图 9－15 中各机位之间的镜头都可以任意切换，在应用时大多数呈现演员肩并肩、演员一前一后、演员打电话交谈等效果。

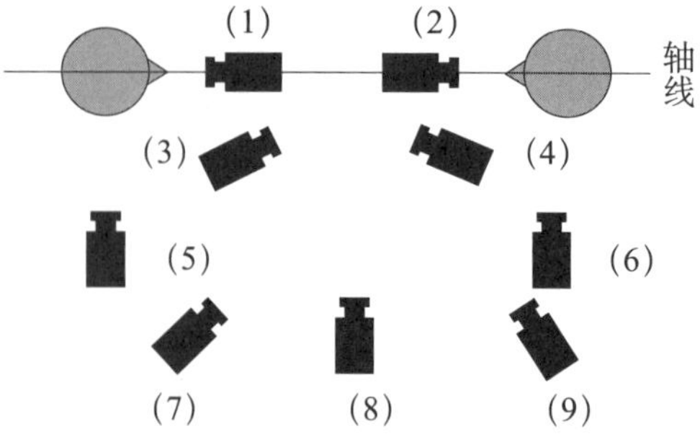

图 9-15　双人对话的典型机位

拓展阅读：《24小时：救赎》中的三人对话镜头组接

（二）三人对话

三人镜头通常以对话场景居多，在剪辑时可以按照双人对话的方式灵活进行镜头组接处理。

（三）多人对话

多人对话的轴线关系比较复杂，一般的处理方式是将人群进行分组，把一组人当作一个人来设置关系轴线，人越多的时候，越需要给关键人物特写或近景画面。

拓展阅读：《十二怒汉》中的多人对话镜头组接

结合《十二怒汉》的案例可以看出，在多人谈话这样的轴线关系复杂的场景中，可以对人群进行分组，把一组人当作一个人来设置关系轴线，同时高度注意演员看向谁、看什么地方，演员的视线即轴线。

（四）复杂轴线的处理

在一些特殊情况下，可能同时存在运动轴线和关系轴线两种轴线，如果运动轴线和关系轴线呈十字交叉，那么这时要特别注意不是在 180 度范围内拍摄的画面组接不越轴，而是在 90 度范围内拍摄的画面组接不越轴。

例如，两个女孩肩并肩走，这里面既有两人之间的关系轴线（两者头部的连线），又有两人的运动轴线，四台摄像机所获得的画面如图 9-16 所示。

因为四台摄像机的机位并没有处于 90 度的夹角范围内，所以其获得的画面（1）（2）（3）（4）无论如何排布都很难被直接组接在一起。

遇到这种情况，要么在 90 度之内设置机位，要么安排一个正对着两位女生的机

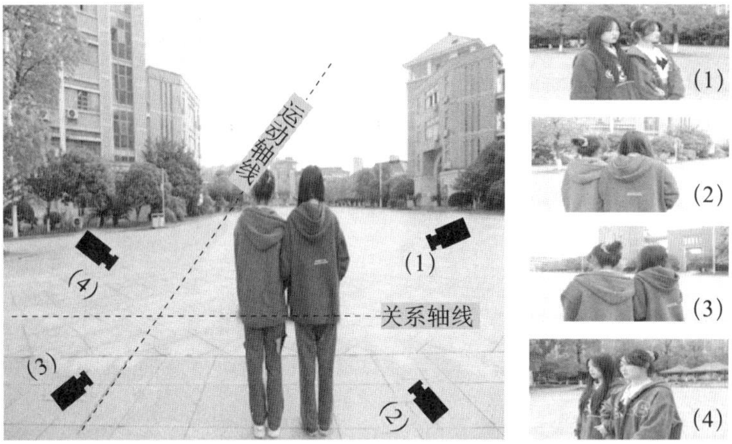

图 9－16　复杂的轴线关系

位，这一机位的画面，可以和其他四个机位的画面直接组接，从而达到不越轴的目的。

三 合理越轴

在视听节目的摄制中，单机拍摄情况居多，摄像师在现场拍摄时较多考虑的是构图、现场调度等，往往容易忽略机位的设置和轴线等问题，经常会出现越轴镜头，给后期剪辑带来了考验。

在这种情况下，后期剪辑中如何合理跨越越轴，通过镜头的组合来弥补前期拍摄的不足，丰富场面调度和画面造型手段，就成了剪辑师的基本素养。在现实的剪辑中，剪辑师通常会借用一些合理的因素来进行过渡，既能有效避免越轴带来的空间混乱，又能够形成画面语言的丰富性和多样性。以下是合理越轴的几种常用的处理方法。

（一）利用被拍摄主体运动越轴

对被拍摄主体进行现场调度，使被拍摄主体自身运动方向发生变化是进行合理越轴的方法之一。在两个越轴镜头之间，插入一个主体转身或者主体转弯的镜头，就能顺利地完成轴线方向的改变，实现镜头的合理越轴（见图 9－17）。

（二）利用摄像机运动越轴

摄像机是场面调度最活跃的因素，虽然在后期剪辑中越轴镜头不能用于直接组接，但如果向观众展示了摄像机自身运动跨过轴线的过程，观众就能轻易地理解这种由摄

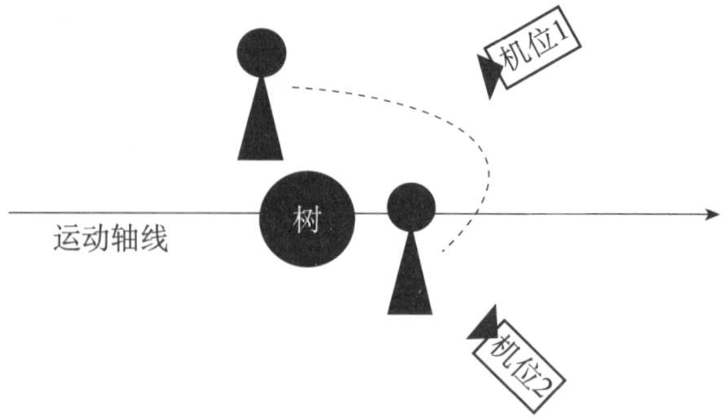

图 9-17　主体越过轴线运动

像机的调度引起的画面主体方位关系的变化（见图 9-18）。

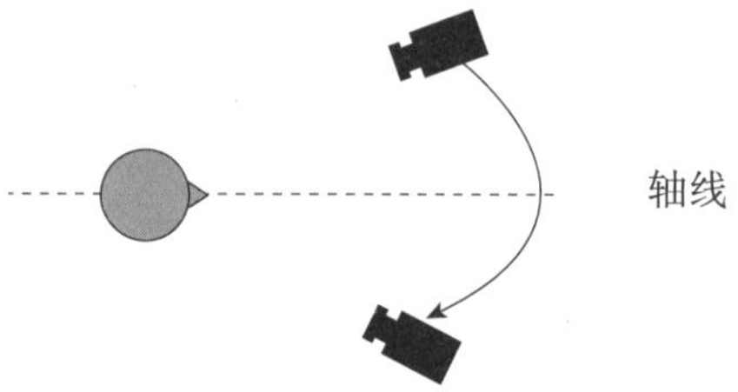

图 9-18　摄像机越过轴线拍摄

这种跨过轴线拍摄的方式在新闻拍摄、纪录片拍摄中很常见，摄像师为了在现场抓取最佳角度、突出主体或者是构图的变化，会经常采用这种方式，既可以多角度、多侧面地展示现场，还可以在后期剪辑中发挥作用，因此在拍摄时可以适当多用这种方式拍摄一些镜头。

（三）利用中性镜头越轴

中性镜头又称骑轴镜头、中轴镜头，是指摄像机位于轴线上时所拍摄的镜头。中性镜头没有明显的方向性，在视觉上能起到较好的过渡作用。在越轴前拍摄的画面与越轴后拍摄的画面之间插入一个骑轴镜头，能很好缓解画面的跳动，给观众一定的时间适应画面主体位置关系的变化，从而实现流畅的视觉效果（见图 9-19）。

（四）利用主观镜头越轴

主观镜头是指摄像机模拟剧中人物的视线所获得的画面，主观镜头可以起到视觉缓冲的作用。比如男人站在窗户边，面朝画框右边静静地欣赏大雨冲刷城市，下面接楼下大雨中行人的伞被吹翻，再接男人脸朝画框左边打电话的镜头。这里楼下行人的

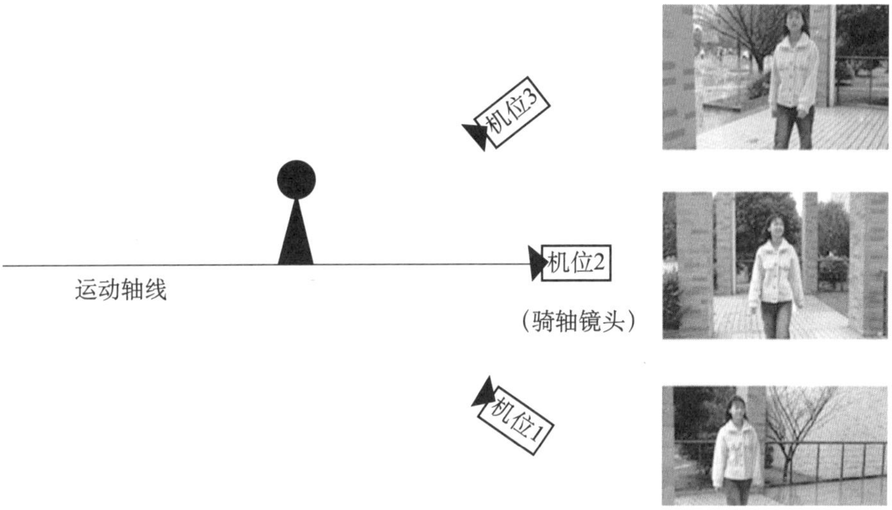

图 9－19　插入骑轴镜头越轴

画面就是主观镜头，这个镜头消解了观众对前一个镜头方位的记忆，所以即使再接一个越轴镜头也不会引起观众对方位的迷惑。

（五）插入特写镜头越轴

利用局部或者人物情绪的特写镜头可以暂时集中人物的注意力，减弱或消除运动时的冲突感，让观众对后面的越轴画面有了一定的适应，从而不至于被轴线关系和方位关系弄昏了头（见图 9－20）。

图 9－20　插入特写镜头越轴

因此，在前期拍摄中，多拍摄特写、近景等小景别镜头是非常有必要的，可以极大地方便后期剪辑，有效避免越轴组接的发生。

（六）插入远景镜头越轴

在大全景和远景中，主体的动感减弱，形象不明显，因此在对两个速度不快，朝相反方向运动的镜头进行组接时，中间插入一个大全景或者远景镜头，可以有效地减缓人的视觉注意力，从而减弱相反镜头运动的冲突感（见图 9-21）。

图 9-21 插入远景镜头越轴

把握运动轴线的规则及要领，在实际拍摄中就能灵活自如地利用轴线拍摄出所需要的镜头，在后期组接中使被拍摄主体的各种镜头避免越轴，实现镜头画面在位置方向、空间上的完整统一，创作出符合观众感知要求的、屏幕形式多样的佳作。

第四节 剪辑点的确定

剪辑点是两个镜头之间的连接点，剪辑过程中剪辑点的设定，直接关系着人物的内容表达是否完整清晰，人物的动作是否连贯流畅，情绪的表达是否充分、有感染力，故事的节奏是否科学合理。结合每个镜头组接的具体情况，我们将剪辑点分为动作剪辑点、情绪剪辑点、节奏剪辑点和声音剪辑点来讨论。

一 动作剪辑点

镜头剪辑的动机往往是镜头中主体或客体做出的某种动作，在实际的剪辑中，剪辑师所面临的最多最复杂的工作就是动作剪辑点的确立。动作剪辑点主要是以画面内主体运动和镜头运动为依据选择出来的，目的是使内容和主体动作的衔接转换自然流畅。

在现实的剪辑中，我们会遇到各种不同类型的运动情况，为了方便学习和理解，一般把摄像机固定、被拍摄主体运动称为镜头内部运动；把摄像机运动、被拍摄主体不动称为镜头外部运动；被拍摄主体和摄像机一起运动则被称为综合运动。

（一）镜头内部运动剪辑点的确定

在这里，镜头内部运动是指摄像机固定、被拍摄主体运动的镜头。由于剪辑点的确定涉及上下镜头的衔接，所以我们把镜头内部运动剪辑点的确定分成以下三种情况进行解析。

1. 同一主体的连贯动作

这种情形下，通常采用动作分解法进行组接，即把主体的完整动作进行分解，变成若干相互连贯又保留了瞬间变化的动作片段。在具体剪辑时，可以用不同的景别和角度加以表现。比如，一个人走在路上，弯腰捡起香蕉皮，扔到垃圾箱里。镜头的切换可以这样：

（1）全景：一个人走路。

（2）中近景：弯腰捡起香蕉皮。

（3）全景：走向垃圾箱。

（4）特写：扔皮入箱。

（5）中景：转身从垃圾箱旁走开。

在上面这个案例中，每一个剪辑点基本都是动作的暂时停顿处：从走路到弯腰，一定是把剪辑点安排在弯腰动作刚发生的一瞬间；扔香蕉皮，也是从扔出去的那一刻开始切换镜头；转身从垃圾箱旁走开，剪辑点同样应在转身的开始处。由此可见，要保持动作的连贯性，使得前后镜头组接顺滑，最佳的剪辑点往往应该选在动作刚开始的瞬间。

当然，动作的临界点、转折点或者动作的瞬间停顿点也是动作剪辑点的常见切换点。比如，表现一个人端起水杯喝水，镜头切换可以这样进行：

（1）中景：一个人伸手端起水杯。

（2）全景：仰头正在喝水。

这就是典型的运动中剪切，运动中剪切既能保证镜头切换的天衣无缝，又能保持场面的连续性，是最常见的动作剪接方法。

2. 同一主体不同时空的运动或动作

当上下两个镜头表现的是同一主体在不同时空状态下的运动或动作时，主体的动作不连贯，通常会采用省略法，省略一些中间过程。比如，在《穿普拉达的女王》中，为了表现女主角安迪从一个初出茅庐的大学生成长蜕变成时尚达人，剪辑师非常精妙地将女主角在不同时空里穿着精美时装去上班的画面进行了组接，不仅省略了大量的中间镜头，而且将不同时空的画面按上班行走路线串成了一个整体，动感十足，形象生动地展现了女主角的成长。

3. 不同主体动作的连接

当前后两个镜头的主体不同时，只要画面的构图差异明显，符合镜头组接的基本原则，都可以直接组接，只需要留意主体之间的动势一致、动作的形态相似及画面的位置相同。

比如，《舌尖上的中国Ⅰ》的结尾把当期的主要人物用中景正面拍摄的方式组接起来，画面流畅，很好地表现了劳动人民的质朴与美丽（见图 9－22）。

图 9－22 《舌尖上的中国Ⅰ》第一集结尾

（二）镜头外部运动剪辑点的确定

运动镜头是指运用推、拉、摇、移、跟、甩等摄像机运动拍摄方式所获得的画面。在讨论镜头外部运动剪辑点的确定前，要清楚镜头组接中的“静接静”“动接动”原则。

“静接静”即固定镜头接固定镜头，这里的固定镜头是指拍摄时摄像机机位、焦距不变的镜头，与主体是否运动没有关联。“静接静”时往往会根据画面内主体的运动方向、速度、画面造型等因素确定剪辑点。具体情况在前面已经讨论过，此处不再赘述。

“动接动”即运动镜头接运动镜头。运动镜头一般由三个部分组成，起幅、运动过程、落幅。起幅是运动前的暂时停留，其本质是一个较短的固定镜头；运动过程则与摄像机的运动形式相关，即推、拉、摇、移等；落幅与起幅一样，也是一个较短的固定镜头。“动接动”时，根据前后镜头运动方式的不同，剪辑点的确定往往也不同，大致有以下处理方式。

1. 前后两个镜头运动方向一致或相近

这种情况下可以遵循“动接动”原则，即去掉镜头的起幅与落幅，只保留运动过程。比如《爆裂鼓手》的结尾，即影片的高潮阶段，是安德鲁与导师弗莱彻在舞台上的“正面交锋”。安德鲁用鼓点来掌控乐队，以此回击导师对他的羞辱。为了表现安德鲁和乐队之间的完美配合，镜头采用了一系列摇镜头的组合，剪辑师剪除了运动镜头的起幅与落幅，只保留了摇镜头的运动过程，从而将乐手们之间的和谐演奏展现得淋漓尽致。

电影《爆裂鼓手》(2014) 片段

一组运动方向一致的镜头连续组合，全部去掉起幅与落幅，会产生一种强烈的排比抒情效果。例如，为展现张家界的秀丽风光，连续使用几组从左往右的摇镜头，就会让张家界的秀丽风光如同打开画卷一般呈现在观众面前。

值得一提的是，在几组运动方向一致或相近的镜头进行连续组接时，要注意镜头运动速度要大体一致，不要忽快忽慢，导致节奏的混乱。

当然，在一些特殊的情况下，剪辑师要根据故事讲述的需要做出判断。急推、急拉的镜头的表意重点往往和起幅、落幅密切相关。如果是一组急推或者急拉镜头的连续组接，剪辑点就不能一刀切地把起幅和落幅都去掉。如工商机构捣毁了一个制假售假的黑窝点，镜头如下：

（1）急推：大酱缸上漂浮着絮状物。

（2）急推：苍蝇在食物上横飞。

（3）急推：器皿上锈迹斑斑。

（4）急推：半成品裸露着，随意堆放在地上。

急推镜头旨在引导观众关注镜头的落幅，如果剪掉它的落幅，急推的表意目的就无法呈现了，所以当连续组接一系列急推镜头时，一般会去掉起幅而保留落幅，以形成触目惊心的效果。

2. 前后两个镜头运动方向相反

正常情况下，若前后两个镜头的运动方向相反，是不宜将它们组接在一起的，通常剪辑师会保留上一个镜头的落幅，然后组接下一个镜头的起幅。由于落幅和起幅的本质是固定镜头，符合“静接静”的原则，因而能够减少观众视觉上的突兀感，保证画面的流畅。

如果是为了营造某种特殊的氛围，如混乱、慌张、急速、不安定感，则可以直接将两个运动方向相反的镜头组接起来，去掉起幅、落幅，制造彼此的对立与动荡。

（三）综合运动剪辑点的确定

如果上下两个镜头中既有被拍摄主体的运动，也有摄像机的运动，在剪辑点的选择上就要注意动势趋向和主体在画面中的位置。

举个例子：

（1）操场上学生们正在打篮球（大全景：摇镜头）。

（2）某男生在球场控球跑动（中景：跟镜头）。

这两个镜头中，（1）号镜头运动主体相对静止，（2）号镜头运动主体动势明显，此时剪辑点的确定应从（2）号镜头主体动作开始时切入，兼顾上下镜头运动速度的快慢。

再举一个例子：

（1）女生从房间跑出，下楼梯（全景：跟镜头）。

（2）女生家的花园（全景：摇镜头）。

很明显，这两个镜头中，前一个动势明显，后一个相对静态，此时剪辑点以（1）号镜头的动作为主，在动作完成后或者动势最强处切换。

当然在现实的剪辑中，可能还存在着“静接动”或者“动接静”的情况。“静接动”是指固定镜头后接一个运动镜头；“动接静”则是指运动镜头后接一个固定镜头。对于这类突破常规的组接方法，选择剪辑点时，往往需要把画面中主体运动因素和镜头外部因素综合起来考量。

二 情绪剪辑点

沃尔特·默奇在《眨眼之间：电影剪辑的奥秘》里把“情感”作为镜头切换最重要的条件，排在了剪辑六大法则的首位。情绪剪辑点就是作用于观众的情感的，它主要以人物的心理活动为基础，以演员的表情为依据，结合造型元素进行确定。

情绪剪辑点往往不受画面人物外部动作的限制，在画面长度的取舍上有很大的余地。它的一个很重要的目的就是引发观众的共鸣，而人的情绪往往是需要培养酝酿的，不会无中生有，所以在选择情绪剪辑点时，需要从情节发展中考虑人物内心的活动以及镜头长度等因素，把握人物的喜怒哀乐，尽量选择人物情绪的高潮点，并给予足够的时间去展示。

比如，在电影《雏菊》的结尾，导演用了一个长达 25 秒的升降镜头来表现男主人公无尽的悲痛，也留给观众足够的时间去体会男主角的痛苦。

三 节奏剪辑点

节奏剪辑点以故事情节为基础，以人物关系和规定情境中的中心任务为依据，结合语言、情绪、造型等因素来选取，要求重视镜头内部动作与外部动作的吻合。在电影《这个杀手不太冷》里，小女孩回家后发现家中所有亲人都被枪杀了，机智的女孩一步一步地走向杀手里昂的房间，期望能获得里昂的帮助，镜头来回在女孩、里昂以及屠杀者之间切换，节奏紧张而凝重，三方都有非常复杂的心理活动，这个时候，慢动作的剪辑带给了观众近乎窒息的感觉，非常精彩。

节奏剪辑点的确定，要综合考虑画面的戏剧情节、语言动作、造型特点，所谓张弛有度、轻重缓急其实都是服务于作品表达的。大多数情况下，我们会用一系列的快速切换来表达紧张的情绪，用长镜头或是舒缓的镜头组接来传递思考、悲伤或者感动的情绪。比如，在《罗拉快跑》里，罗拉在接到男友的求救电话后，脑子里一片混乱，剪辑师采用来回跳切的手法突出罗拉的抓狂状态，对观众而言代入感非常强。当罗拉冷静下来开始思考向谁求救时，剪辑师在高速的旋转镜头中不断切换罗拉亲朋好友的画面，随着罗拉思考的节奏，切换的速度时快时慢，非常准确地表现了罗拉精神世界的活动。而在影片《英雄本色 2018》中，一场复仇的杀戮即将开始，导演却在后期剪辑中刻意放慢了主人公的动作，背景的配乐也是非常缓慢抒情的日式音乐，舒缓的节奏、舒缓的人物动作给人一丝异样的感觉，充满了血色浪漫的风格。

四 声音剪辑点

相对于前三个剪辑点，声音剪辑点的确立要简单一些，它主要是以声音的剪辑为基础，根据内容的要求以及声音和画面的有机关系来处理镜头的衔接。在剪辑的过程中，要尽量保证声音的完整性和连贯性。声音剪辑点主要包括对白剪辑点、音乐剪辑点和音效剪辑点。

对白剪辑点是以对话内容为依据的，在剪辑的时候，可以采用同位法，也可以采用串位法。同位法就是声音和画面同时出现、同时切换，这是我们最熟悉的剪辑方式。新闻联播主持人的播报采用的就是同位法。串位法则是指声音画面不同时出现，而是交错地切入切出。比如，很多访谈类节目的嘉宾在现场讲述某段经历时，就可以仅保留原有的声音，在画面中穿插一些真实场景，以打破画面中总是嘉宾一个人说话的单调感。当然很多影片、广告片也会采用串位法，比如电影《肖申克的救赎》里主角团在天台喝啤酒的桥段中，背景音是瑞德的内心独白，而画面是场景化的呈现，中间还穿插了安迪和囚犯同事的对话，声音和画面交错进行。

音乐剪辑点的选择应以乐曲的旋律、节奏、节拍为基础，以剧情内容、主体动作、情绪、节奏为依据，同时结合造型的基本规律。在音乐节奏的指引下，剪辑点的确立便有了依凭。

音效剪辑点主要以动作为基础，以情绪为依据，在确立剪辑点的时候可以根据剧情的要求把握好同期声与画面之间的配合。这里特别提醒，音效剪辑点既从属于画面，又独立存在，剪辑的时候要注意真实自然，否则很容易产生虚假的感觉。

无论是动作、情绪、节奏还是声音，在选择剪辑点的时候，都应该服务于内容表达的需要，剪辑时不能率性而为，不能毫无逻辑、毫无理由地一顿拼接，不然这样的作品是没有任何意义的。

第五节 创造时间流

从某种意义上说，视听艺术就是导演与观众之间的一场时间游戏。导演调动各种手段来“修饰”时间，创造新的时间流，以此完成叙事，传递思想情感。对于时间的“修饰”，最常见的是压缩时间和扩展时间，这些都涉及镜头组接。

一 压缩时间

从技术层面来看，剪辑就是要剔除不必要的时间和空间，做减法。这种减法，在创作里是必需的。如何才能让这个减法做得科学、合理，符合视听节目创作的特点呢?这里给大家介绍下面几个小技巧。

（一）省略片段

人在视知觉感知上存在心理补偿机制，即在观看视听节目的过程中，会不自觉地根据自己的日常生活经验对影片画面的断裂做出心理补偿，从而实现对作品的观赏。基于此，后期剪辑时只需要保留对主题有用的部分，即片段、动作过程中关键的、有代表性的部分即可。

比如，表现人从甲地乘飞机到乙地，通常是先使用一个全景镜头表现主角验票进闸口，在这个镜头之后接一个飞机在空中飞行的远景镜头，最后接主角从机场走出的画面。这三个镜头足以达到叙事的目的。电影里的省略片段更是常见，电影《末代皇帝》采用了大量闪回的手法，只用240多分钟就讲述了中国最后一个皇帝爱新觉罗·溥仪从皇帝到平民横跨60年的跌宕一生。

影片《2001：太空漫游》用三个镜头就完成了从类人猿时代到现代的跨越：第一个镜头是类人猿首领向天空扔出了一块骨头，骨头不断地升腾翻转；第二个镜头是骨头回落，向地球方向下坠；最后一个镜头便是飞船在太空中漂浮（见图9-23）。

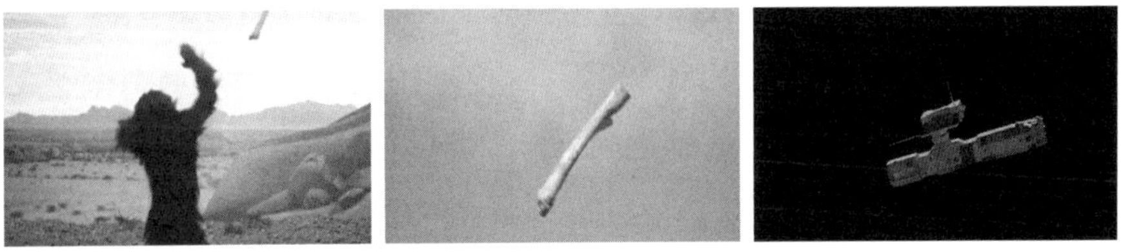

图9-23 《2001：太空漫游》截图

（二）插入镜头

利用蒙太奇剪辑技巧，在两个镜头之间插入一个相关镜头，借以代替被省略的时间间隔，也是一种压缩时间的方式。插入镜头所代表的时间长度并不等于镜头的实际时间，而是给观众一种主观猜测的时间感受。电影里，我们常常看到这样的桥段：结婚纪念日，妻子做好了晚饭等待丈夫回家，可迟迟不见丈夫回来，妻子独坐在餐桌前默默等待。为了表现等待的漫长，往往会插入一个时钟的画面，或者是插入小区中楼宇的灯逐渐熄灭的画面，暗示时间的流逝，刻画人物内心的寂寥与落寞。

在一些纪实短片里，为了表现手工艺人的精彩手艺，往往会采用插入镜头的方式，省略过场戏，只保留创作的最核心部分。比如：

（1）绣花针在绣布上刺出第一针（特写）。

（2）湘绣大师专注创作的神情（近景）。

（3）窗外春暖花开，湘绣大师在工作（全景）。

（4）湘绣大师在绣架前伏案刺绣（近景）。

（5）窗外树木凋零，湘绣大师仍在工作（全景）。

（6）绣花针在绣布上刺出最后一针（特写）。

（7）湘绣大师展示作品（全景）。

中间几处窗外景物的镜头就是为了表现冬去春来，展现时间的流逝。插入镜头的使用压缩了时间，省略了冗余的部分。

（三）借物暗示

借物暗示指的是借用暗示时间的事物来体现时间的流逝，以达到省略时间的目的，如借用日历的翻转、光线的变化、时钟指针位置的变化等。比如，在电影《公民凯恩》中，表现夫妻二人从热恋到争吵，再到冷战，最终彼此成为熟悉的陌生人的过程，就是借用人物的着装变化完成的，巧妙地体现了岁月的更迭。

还有一种更为含蓄的表达，与中国古典诗词“年年岁岁花相似，岁岁年年人不同”的意境高度贴合。比如，电视剧《芈月传》的第四集中，少年黄歇与楚太子在书房诵读，剪辑师巧妙地借用了竹简的遮挡，完成了人物从少年到青年的转变。

（四）特效等辅助性技术

后期剪辑中还有很多技术手段可以直接作用于时间的压缩。比如，运用景物的叠化来表现季节的变化；用淡出淡入表现一个阶段的结束，新阶段的开始；用快放加快时间进程；通过声音的剪辑提前进入压缩时间。例如：

（1）小男孩背着书包在上学路上（上课铃声响起）。

（2）小男孩已经坐在课堂里认真听课了。

二 扩展时间

影片的重头戏、高潮戏是剪辑师浓墨重彩、大书特书的部分，在剪辑时往往会通过扩展时间的方式予以强调突出。常见的技巧有以下几种。

（一）反复切换

将不同角度、不同视点拍摄的同一场景的镜头反复切换，不仅可以延展时间，更能渲染气氛与情绪，表达主题。比如篮球场上最后一秒钟，一球定输赢，剪辑师通常会采取下面的剪辑方式：

（1）计时器倒计时显示最后一秒。

（2）球员投出最后一球。

（3）篮球在空中飞（慢速）。

（4）几组球员看着篮球飞出方向的画面切换。

（5）几组观众席上观众表情紧张的画面切换。

（6）双方教练员表情紧张的画面切换。

（7）球入筐（慢速）。

（8）倒计时归零。

（9）记分牌分数变化。

（10）球员、教练、观众欢呼的画面切换。

很明显，在上述剪辑中，剪辑师为了表现决定胜负的最后一秒，将画面反复在球员、观众和教练间来回切换，这一秒钟被放大，呈现出扣人心弦的效果。

（二）重复剪辑

对于一些具有高度观赏性、关键性的动作镜头，为了满足观众的视觉需要，剪辑师往往会将从不同角度获得的画面进行重复剪辑，以此来延伸“精彩瞬间”，强化画面在观众心中的记忆。比如，足球比赛的精彩进球，跳水时空中的精彩翻转、入水，短道速滑第一个冲到终点，等等，对这些精彩的瞬间，剪辑师往往都会将从不同角度拍摄的同一场面的镜头组接在一起，通过放大“精彩瞬间”的方式突出亮点。湖南卫视推出的节目《舞蹈风暴》就别出心裁地设计了“风暴时刻”环节，将 128 台摄像机通过 360 度全景摄像留下的舞蹈中最精彩的瞬间进行反复播放，同时不断地插入观察团的惊叹和评委的点评，把舞蹈形体之美展示到了极致，极大地满足了观众的审美需求。

（三）慢动作

通过升格手法拍摄，然后再以正常格数放映，就可以得到一种慢动作的效果。慢动作延长了动作时间，突出了动作的状态，形成了超现实的观感。例如，在电影《黑客帝国2》中，“子弹的飞驰”就是一种对高速运动物体的特写，被誉为“子弹时间”。飞驰的子弹特写不仅是对物体外形的特写，更是对时间的特写，瞬间的动作被放慢，时间的流逝被放缓，从而呈现出奇异的诗化效果。张艺谋在《英雄》里的“雨滴时间”，也采用了同样的处理手法。

慢动作在清晰展现动作瞬间的同时，也使得画面的情绪渲染力成倍增长。比如在《觉醒年代》里，陈延年、陈乔年被押赴刑场，此时剪辑师运用了一系列的慢动作，来强化突出二人英勇就义、坦然赴死的英雄形象，尤其是陈延年、陈乔年最后回头一笑的画面，更是缓慢到几乎停滞，英雄少年的光辉形象也由此被深深地印在了观众心里，挥之不去（见图9-24）。

图9-24 《觉醒年代》中陈延年就义前的镜头

关于时间的表现形式还有时间的倒转与定格等，这两种处理手法并不常见，从剪辑上来看也比较简单，往往需结合实际情况使用。值得一提的是，这两种对时间的处理都比较主观，在纪实类作品中要谨慎使用。

第六节 转场

构成视听节目的最小单位是镜头，镜头组接构成句子，句子构成段落，通常一个段落对应着一个相对集中的时空范畴，也就是我们常说的场景。一般来说，每个场景都具有一定的、相对完整的意义。而一部作品往往是由多个段落，也就是多个场景构成的，从一个场景过渡到另一个场景，就是转场。这个转场，就像戏剧中的幕和场、文学作品中的章和节一样。一部视听节目作品，如果没有明显的转场意识，就会使观众产生结构混乱、层次不清的感觉。

转场是一个非常重要的概念，它既要求镜头的转换有承上启下的作用，也要求镜头的转换流畅自然。说白了，就是转场既要为观众提供视觉上的连续，同时也要保证给予观众心理上的隔断。

后期剪辑中，一般有两种转场方式：一是技巧转场，二是无技巧转场。

一 技巧转场

在后期剪辑中，剪辑师可以利用相关软件和技术，在需要组接的镜头画面中或画面之间附加技巧。对这些特技的使用，可以使观众明确镜头之间的间隔、转换和停顿，使镜头与镜头之间的转换更加流畅、平滑，我们把它们称为技巧转场。接下来，给大家介绍几种常见的技巧转场方式。

（一）淡出淡入

淡出淡入，又称为渐隐渐显。它的视觉效果是在上一个镜头的起始处，画面的亮度由零逐渐恢复到正常强度，画面由暗转明，逐渐显现，这个过程我们称为淡入。在上一个镜头结尾处，画面的亮度逐渐减到零，画面由明转暗，逐渐隐去，则为淡出。淡入常常用在节目的开头，章、场景、片段或幕的开头，以及时间、地点的变化处。而淡出常常出现在节目的结尾，章、场景、片段或幕的结尾，以及时间、地点的变化处。淡出淡入是一种非常明显的转场设计，常常运用在大的情节转换处，有点像舞台剧里的幕启与幕落。

使用淡出淡入转场，镜头后会承接一个较为短暂的黑场画面，在这段时间里，观众既可以对刚刚看到的内容进行回味，又可以为接下来的内容做好心理准备，所以淡出淡入在转场中非常常见。通常情况下，随着淡入时画面亮度的增加，声音的音量也会由小变大；淡出时，画面亮度下降，声音的音量也会随之降低。如果一个镜头的淡出持续为黑屏，那么可以在下一个镜头淡入之前提高背景音的音量，使得转场“声音导前”，自然进入下一个场景或者段落。

淡出淡入对于时间、空间的间隔暗示非常明显，一般用在大的情节段落转换处，不宜过多使用在镜头组接上，否则会造成结构松散的感觉。

淡入淡出还可以分别与切换一起使用。淡入切出、淡出切入的节奏变化比较明显，常常用在需要改变叙事节奏的转场中。

（二）叠化

叠化是指前一个镜头逐渐模糊，直至消失，而后一个镜头逐渐清晰，直至显现，两个镜头在渐隐和渐显的过程中，有短暂的重叠和融合。与淡出淡入相比，叠化的渐隐渐显是同时进行的，所以前后画面之间有一个短暂的重叠时间。

叠化可以用来浓缩事件的时间。比如，某人在约会地点等人等了好几个小时，为了表现时间的流逝，将等待时的画面（通常是固定镜头）进行叠化处理，每叠化一次都意味着时间流逝了一段，叠化次数越多，时间流逝越长。

叠化如果与慢动作画面配合，则不但可以放缓事件发生的进程，还可以让观众有足够的时间思考、感受，具有较强的情绪感染作用。

叠化的视觉效果柔和、平缓，是避免镜头跳切最重要的技巧，偶尔会出现在新闻片里，但多数情况下会出现在一些虚构性的故事片、电视剧、MV 中。由于叠化效果会表现出人工对时间的较强操纵痕迹，节奏比较拖沓，所以在纪实类节目中要尽量少用。

（三）闪白

闪白也是转场中常用的技巧，是指前后两个场景画面衔接部分的亮度明显变高，呈现为全白屏幕。闪白一般都有一个短暂的闪入时间和短暂的闪出时间，常用于在叙事中插入回忆、梦境、幻想等情节。

（四）划像

划像是介于硬切与叠化之间的一种剪辑方式。划像通常形状独特、色彩鲜艳，一般用于描述平行发展的时间，在平行蒙太奇和交叉蒙太奇中较为常见，也可以用于表现时空转换和段落起伏。在电视文艺、体育类节目中，当两个镜头在内容上是异地或者平行发展的时候，就可以采用划像的手法来组接镜头。

在剪辑时，快速的划像可以将一个镜头迅速地切入下一个镜头，但如果画面剪辑的进度较慢，那么划像的速度也应随之减慢。在划像的剪辑中，剪辑师对声音的处理有较大的自由度，可以跟随节奏的需要选择与之匹配的音效，加强划像的趣味性。

划像是人工痕迹最为明显的镜头转化方式，如果不是必要，尽量不要使用，以免观众觉得虚假、造作。

（五）画中画

画中画是指在同一个画框内出现两个或者两个以上的画面。画中画既可以从不同的视点、视角表现同一事件或者同一个动作，也可以用来表现同时发生的相关或者对立的事件、动作，还常常用来实现段落和画面的交替更换，在平行蒙太奇和交叉蒙太奇中比较常见。影片《人再囧途之泰囧》就利用这种方式很好地将屏幕分成三个部分，从不同的视角将人物的追逐状态表现了出来，在扩充信息量的同时，也顺利地完成了场景的转换（见图 9－25）。

图 9－25　《人再囧途之泰囧》中的画中画

随着剪辑理念的不断发展和完善，镜头的组接技巧也在不断变化革新。值得注意的是，特技的人工痕迹比较明显，频繁的技巧转场很容易让观众产生不真实的感觉，如果用得很多，则会让人眼花缭乱，从而影响整部作品的质量。因此在采用技巧转场时，一定要根据具体创意和需求来定，避免滥用的情况发生。

二　无技巧转场

拓展阅读：几种常见的无技巧转场的方式

无技巧转场指的是通过镜头的自然过渡来实现前后两个场景的转换与衔接，它强调视觉上的连续性。一般来说，无技巧转场的思路产生于前期拍摄过程中，由后期通过剪辑实现。这里我们给大家介绍几种常见的无技巧转场的方式。

与技巧转场相比，无技巧转场对视听节目创作提出了更高的要求，需要创作者在拍摄前期就进行严密的构思、精巧的设计，特别是要熟练地把握形象逻辑，抓取场景之间在外在形态和内在逻辑上的相关因素，为场面转换做出设计和安排，以便后期制作能顺利进行。艺术创作永无止境，大家在实践中要多揣摩，多创新，这样无技巧转场才会呈现出更多丰富的可能。

【扩展资源】

1. 教学视频：镜头组接的基本原则（扫描下方二维码观看）

2. 教学视频：剪接点的确定（扫描下方二维码观看）

3. 教学视频：合理越轴（扫描下方二维码观看）

4. 教学视频：技巧转场（扫描下方二维码观看）

5. 教学视频：无技巧转场（扫描下方二维码观看）

【思考与练习】

1. 在挑选镜头时，哪些镜头是可以首先被排除的？
2. 简述轴线规律的基本内容，如何实现合理越轴？
3. 试比较淡出淡入和叠化两种特技的差异，指出两种特技各自的应用场景。
4. 如何实现时间的压缩与扩展？

【实践项目】

1. 影视作品混剪，时长为 3～4 分钟。
2. 以小组为单位，为学校或者学院拍摄剪辑宣传短片，时长为 3～5 分钟。
3. 创作公益短片。

可参考下表形式对实践项目进行考核评价。

实践项目考核评价表

<table>
<tr><td>任务</td><td colspan="3"></td></tr>
<tr><td>创作方式</td><td></td><td>姓名</td><td></td></tr>
<tr><td>具体内容</td><td colspan="3"></td></tr>
<tr><td>成果表现形式</td><td colspan="3"></td></tr>
<tr><td>实践小结</td><td colspan="3"></td></tr>
<tr><td>自我评价
（满分 40 分）</td><td>1. 实践态度（5 分）
2. 解决现实问题的能力（20 分）
3. 反思与总结（15 分）</td><td>评分</td><td></td></tr>
<tr><td>学生互评
（满分 30 分）</td><td>1. 协调能力、组织能力评价（15 分）
2. 实践小结完成度（15 分）</td><td>评分</td><td></td></tr>
<tr><td>指导老师评语与评价
（满分 30 分）</td><td colspan="3">总分：</td></tr>
</table>

第十章

节目的合成

【学习目标】

1. 掌握声音的特性，理解声音剪辑与画面剪辑之间的差异。
2. 掌握不同类型的声音剪辑的特点。
3. 了解字幕类型，掌握不同字幕制作的特点。
4. 了解节目合成输出的工作重点，保证输出的正常进行。

第一节 声音剪辑

视听节目是声音和画面之间的完美配合，其中的声音是一个完整的表意系统，它与视觉画面共同构成了屏幕中的虚拟空间和形象。

以电影为例，电影诞生之初，是以无声的状态亮相的，直到 1927 年电影《爵士歌王》出现，电影才进入有声时代，剪辑技术才由处理画面与画面之间的关系转变成处理声音与声音之间、声音与画面之间的关系。声音的出现改写了电影发展的历史，弥补了二维画面空间上的不足，使得画面更具真实性和现场感，画外音的运用更是把空间延展到了画框之外，形成了画面之外的多层次空间。

一 声音的特性对剪辑的影响

与画面剪辑相比，声音的剪辑呈现出完全不同的样式，这主要是由人在接受画面和接受声音时具有完全不一样的特征决定的。声音的特性在以下两个方面影响着剪辑。

（一）声音的多重性决定了声音的并置

在日常生活中，人对声音的感知比对画面的感知要被动得多，人眼可以选择看或者不看，但人耳却不能决定听或者不听。人眼可以自由选择看的内容，但人耳无法完全控制听什么或者不听什么，这是人的客观生理特性，我们的剪辑必须尊重这个特性。

人的生理特性决定了画面的剪辑方式是单层的、线性的，也就是说，人的注意力从一个画面转移到另一个画面，在剪辑上我们只需要从一个画面切到另一个画面即可。声音则不然，尽管我们只注视一个方向，但耳朵还是可以自动搜罗周遭的多重声音，而无法屏蔽掉自己不愿意听的。例如，在图书馆看书，即便大家都在安静地阅读，但此时声音环境依然是复杂的，图书馆里翻书的声音，电风扇转动的声音，偶尔有咳嗽、走动的声音，甚至还有从图书馆窗外传来的声音，等等。这说明声音剪辑比画面剪辑具有更加复杂的样式。

电影《英国病人》的剪辑师沃尔特·默奇在谈及一段对白的录制时曾提到："实际上，录制对话声时，沙漠本身是完全寂静的，但问题是，如果你仅仅依照原样来录制它，声音听起来就会非常造作。所以我们必须为这个我们要求完全寂静的沙漠制作出一种象征性的声音，使它具有适合这个沙漠的成分。这个声音必须不能引起任何的怀疑，而且听起来要比完全的寂静还要安静。"①

沃尔特·默奇对于声音的阐述道破了一个现实：电影真实与生活真实有区别，为了带给观众真实、真切的感受，在面对声音剪辑时，就要进行并置的、多重的处理，这样才符合我们日常的生活经验，符合观众对于视听节目的需求。

（二）声音的选择性影响着声音的选择和剪辑

尽管声音具有多重性，但并不意味着在进行剪辑时，对于环境音响可以不加选择

① 贾瑞特，王丹．声音的疆界：沃尔特·默奇访谈［J］．电影艺术，2001（2）：56－61．

地运用。人眼在观察事物时，会倾向于把注意力放在其中的某一点上，这个点往往处于视野的中心位置，其他不被关注的要么被排斥在画框之外，要么处于次要的或是陪衬的地位，因此剪辑师在进行镜头选择的时候，也会刻意地引导观众的视线。

人对声音的接受和视野是类似的，大脑有选择性注意功能，人们会有意识地把注意力集中在特定的声音上，不会对所有听到的声响报以关注。一些冗长的、细微的、重复的，没有表意作用的声音会被忽略。比如，在闹市的一家喧嚣的酒吧里，两个人正在交谈，观众更愿意听到的是两个人清晰的谈话声音，其他嘈杂的声音只能作为一种微弱的背景存在。如果此时我们完全遵从了现场的真实状况，那么影片所传递的信息将无法被观众接收，从而影响观影的效果。

声音的强弱暗示着剧中人物注意力的分配，同时也支配着观众的注意力。举一个例子，在高考考场内我们记录到了如下声音：

（1）考生翻卷子的声音。

（2）“沙沙沙”书写的声音。

（3）时钟“滴答滴答”的声音。

如果要表现考场秩序井然，考生们在认真答题，那么在声音的选择上，我们可以保留（1）和（2）的正常音量而弱化甚至取消（3），因为前两个声音对于表现考生认真答题具有非常好的突出作用。但如果要突出考场的紧张氛围，考生正在争分夺秒答题，这时突出（3）而弱化（1）和（2）则可以强化观众对于时间的认知，从而更真实地感受考生紧张、急切的心理。

在进行声音的剪辑时，一味机械地重现现实并不是高明的做法，贴近剧中人或观众的心理感受才是创造现实感的正确选择。在电影《拯救大兵瑞恩》的开头，米勒上尉遭遇海滩激战，导演强化枪炮的声音，弱化处理了人声，将战争的残酷表现得一览无遗。当炸弹在米勒的不远处爆炸，他从水中爬起走向镜头时，导演更是刻意将枪炮声、人声弱化到几乎消失，只留下了风声，这样的处理非常真实地表现出了米勒在遭受强烈的声音刺激后形成的短暂耳鸣和失聪，非常逼真。

除非是特殊表达的需要，否则让声音突然完全消失是非常不可取的。比如，在喧闹的环境里，人物开始对话，正确的剪辑方式是逐步减弱环境音，即在剪辑时使用声音的淡出，让人物的对话声凸显出来，此时如果把环境音突然取消掉，则会背离声音的多重性，让人产生虚假的感觉。

二　声音剪辑的要点

很多视听节目创作者在进行后期剪辑时，往往容易“重画面轻声音”，而事实上，一部优秀的作品，声音与画面的重要性是相当的。汤普森和鲍恩在《剪辑的语法》里就明确指出：“声音和视觉是搭档而不是对手”，“必须要给予如拍摄影像元素一样的注意力和耐心来处理声音”。①

剪辑师的任务就是通过刺激听觉来提升视觉的表现力。声音可以延伸和扩充视觉影像所传达的信息，增强镜头的感染力。比如，镜头展现的是乡村田野的美景，此时若配上鸟鸣声、轻柔的风声，则会让整体的影像更加具有美感，也更容易调动观众的感官体验。如果镜头展现的是经过“机场”路标的汽车，那么适当地添加飞机喷气的引擎声，则可以强化视觉信息，使画面更有代入感。

剪辑时出现声画不同步，声音突然变大或者突然完全消失，声音没有主次之分、一片混沌，声音忽大忽小，都是非常忌讳的。这里我们总结了几点创作者在进行声音剪辑时需要注意的问题。

（一）声轨优先的准则

声轨优先的准则是指作品开始时，声音轨道优于视觉轨道。

没有声音的画面是死的，而没有画面的声音却不一定是死的。在没有画面的情况下，声音可以激发观众的想象力，因此在很多影片的开头、转场之处常常会出现这样一种情况：声音会比画面提前出现。这种对于声音的处理在电影剪辑里被称为捅声法，体现在非线性编辑里通常如图 10－1 所示。

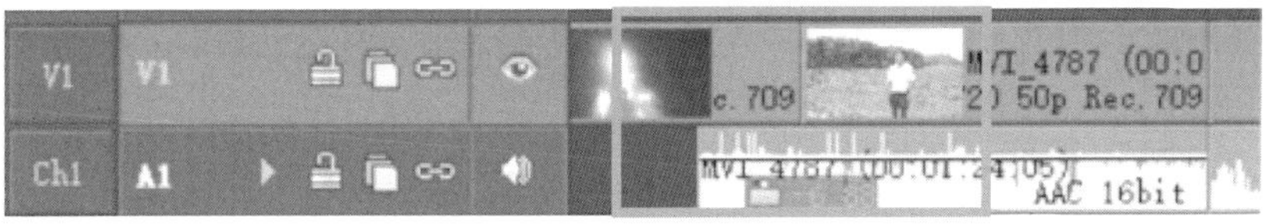

图 10－1　捅声法

电影《爆裂鼓手》的开头就运用了捅声法，架子鼓的鼓点先于画面出现，一下子

① 汤普森，鲍恩．剪辑的语法：插图修订版第 2 版［M］．梁丽华，罗振宁，译．北京：北京联合出版社，2017：92.

就把人带到了特定的场景里，极具感染力。

与捅声法相对应的是拖声法，意思是把音频延续到下一个镜头，表现出来就是画面先于声音。拖声法体现在非线性编辑里通常如图 10－2 所示。

图 10－2　拖声法

捅声法和拖声法在视听节目创作里非常常见。比如，在谈话场景里，捅声法和拖声法的交替使用，会让谈话摆脱冷硬、生疏的感觉，更加流畅自然；在影片的转场中使用捅声法可以加快节奏，使用拖声法可以延长场景；在梦境、闪回中运用捅声法会增强代入感。

（二）音乐小声的原则

在声轨层面，一定要注意音乐的声音不能压过话语的声音。

音乐是一种强有力的、具有创造性的工具，它可以调整节奏，渲染情绪。在视听节目创作里，它往往以两种形式出现：一种是画内音乐，如影片内部的收音机、乐队、演唱者、唱片机等发出的声音；另一种是画外音乐，一般多以背景音乐的形式出现。画内音乐属于剧情声，在这种情况下，画内音乐应该连续不断地播放直至音乐或场景结束，但要注意的是，如果此时场景中人物的对话比音乐重要，那么一定要保证音乐的音量低于人物说话的音量，因为此刻观众对人物对话的内容更感兴趣。画外音乐在视听节目作品里处于从属地位（音乐电视例外），剪辑时要特别留意不能将画外音乐一铺到底，更不能让画外音乐的声音盖过影片中的话语或者其他声轨。

（三）去掉口头禅

在纪实类节目里，剪辑师的目的是让被采访对象在屏幕上尽可能达到最好的视觉和听觉效果。多数被采访对象在谈话时都会不自觉地带有口头禅，使用一些重复的语气词，如“嗯”“啊”等，以此弥补思维的间隙，这些口头禅在后期剪辑中都需要剪掉，具体操作时可以分情况而定。如果是有声音但口型没动，则可以去掉口头禅的声音部分，用室内音替换；如果有口型的变化，则将出现口头禅的声音与画面部分都剪掉，切入大景别或者局部特写镜头。

当然，如果一些口头禅与人物的性格相关，那么出于塑造人物个性的需要，可以适当保留，从而让人物的性格更鲜明，加深观众的印象。

（四）在声音音量大的地方剪切

在声音音量大的地方，观众很容易眨眼睛，基于这一点，经验老到的剪辑师都会敏锐地捕捉场景发展中音量大的地方，在此处切换镜头，技巧地隐藏剪辑，这种做法在剪辑中非常有效。

三 不同类型的声音处理

视听节目中的声音包括语言、音响、音乐三要素，对声音的剪辑就是针对这三个要素所做的选择与搭配。视听语言以表意和传递信息为主，包含人物的对白、旁白、解说；音响以表真为主，是视听节目中除语言、音乐之外的一切声音，包括自然音响和人造音响；音乐以表情为主，包含有声源音乐（画面中唱片机、乐队、收音机、广播等发出的音乐）和无声源音乐（画外音乐、功能性音乐、主观音乐）。

（一）语言类声音的剪辑

1. 对白剪辑

视听语言的主要功能是表意与传递信息。对人物对白的剪辑通常采用平行剪辑与交错剪辑两种方法。

平行剪辑，即对白和画面同时出现、同时切换，在新闻节目的口播、一般性的访谈节目、视听节目中节奏比较平缓的谈话中很常见，这种剪辑方法比较平稳、严肃，但容易流于单调。剪辑常规的对白时，可以适当“松”一点剪，即在上一个画面的声音结束，切入下一个画面时，声音和画面之间要保留一定的空间，不要急于抢拍。但如果谈话时双方情绪激烈，节奏比较明显，如争吵、激烈的辩论，这个时候，剪切可以适当“紧”一点，即上一个镜头的声音一结束马上切出，下一个镜头的声音画面立即切入，缩短对话之间的间隙。当对白的主体话语里有抖包袱、有幽默点，或抒发情绪的时候，甚至可以适当地保留对白主体的停顿，以此来强化某种气氛或者情绪。

交错剪辑，即上一个镜头的声音和画面并不是同时切出，或者下一个镜头的对白和画面不是同时切入，也就是前面提及的插声法和拖声法，这里不再重复。

关于对白内容的取舍，没有固定的模式，多数情况下是先抓语言信息的重点，再抓人物的情感。

2. 同期声剪辑

同期声即同期录音，是指通过在拍摄画面的同时进行录音所获取的声音。同期声是纪实类作品中最重要的元素，能够提高作品的真实性、鲜活度，具有不可替代的作用。对于纪实类的节目，在剪辑声音时，剪辑师面临的最大问题就是对同期声内容的选择：究竟哪些可以保留，哪些可以去掉？这个问题在资深的创作者那里通常只有一个答案：如果拿掉这段同期声，不会对节目造成任何影响，那么果断放弃。人物的同期声一定要传达信息，要言之有物，切忌泛泛而谈。剪辑时，要特别注意语气的连贯，画面不要同景别跳，这样很容易让观众觉得虚假。

在视觉高度呈现的今天，观众很难接受大段大段的同期声与人声配合的视听语言形式。针对这种情况，剪辑师一般都会适当地插入与同期声内容相关联的影像、图片，或者资料镜头，来缓冲视觉上的单调。

（二）音响的剪辑

音响是特殊的语言，是视听节目中除语言和音乐之外所有声音的统称。在实际运用中，有动作音响、自然音响、背景音响、机械音响、枪炮音响，以及人为制造的非自然音响或是经过变形处理的音响。

1. 纪实类作品中的音响运用

对于纪实类的视听作品而言，音响能再现生活的本来面貌，增强作品的真实性、生动性。许多经验丰富的纪实片导演，在拍摄时都特别注意在一个场地拍摄完之后特意录一段空音，采录原生态的、有情节的、有特色的、能构成典型画面的音响用于后期的剪辑。风靡全国的《舌尖上的中国Ⅰ》第一集中，青藏高原空气流动的声音、山林间不时传来的鸟鸣、人踩踏在树叶上的声音、食物在下锅后遇油发出的“滋滋滋”的声音、大锅里烹饪食物发出的“咕噜咕噜”的声音都符合上述特点，对这些音响的运用，极大地丰富了画面的感染力，带给观众酣畅淋漓的视听感受。

在音响的选用和制作上，要优先选择那些来自真实现场的音响，能表现细节的音响，有特殊含义、语言精练的音响，在运用时，要注意紧扣作品主题，以少胜多。

2. 剧情类作品中的音响运用

在剧情类的作品中，允许拟音、声音的畸变、幻化、残响等多种声音处理方式的存在，以加强真实性，提升戏剧效果。比如，春节联欢晚会零点倒计时时钟的滴答声、精神紧张下的心跳声、头脑混沌时模糊而嘈杂的环境音等，这些多数是主观效果音响，却可以很好地带领观众进入情境，沉浸于作品之中。

运用音响时，必须有重点、有层次、有起伏，这样才能起到艺术表达的作用。同时要避免音响机械地配合画面，干扰原有的语言和音乐。

音响作为转场元素，也常常出现在两个场景的首尾相交之处，起到转场的效果。

（三）音乐的剪辑

音乐是视听节目创作中不容忽视的创作元素，它和视觉效果相配合，会产生奇妙的化学反应，带来意想不到的效果。一段平庸的段落可能会因为音乐的置入而突然被唤醒；一段恰如其分的音乐能让角色的个性更加鲜明，帮助观众更好地洞悉角色的内心；甚至在某些时候，音乐还可以映射影片主题，预示关键的情节；在结构上，音乐还可以提供恰当的场景步调，明确不同情节之间的过渡，划分场景或情节。

1. 音乐素材的选择

音乐的剪辑涉及音乐素材，多数电影作品都会请专人配乐，但小成本作品、自制短视频、微电影往往借助互联网获取音乐资源。在知识产权保护越来越受重视的今天，剪辑师选用音乐素材时要考虑版权问题，尽量在提供无版权音乐、音效素材的网站上挑选素材。

2. 音乐剪辑的方法

很多初学者对于音乐的剪辑往往比较随性，觉得好听就将其一贯到底，这种做法忽略了音乐在作品中的地位与作用，会导致声音混乱，影响作品质量。正确的音乐剪辑方法是为作品量身定制一份音乐线索表，俗称音乐备忘。剪辑师在从头到尾观看作品的基础上，与导演一起商量哪些地方需要添加音乐，添加何种类型的音乐，音乐从哪里开始、到哪里结束，并标记好相应的时间码，时间精确到秒。表 10－1 是印度电影《摔跤吧！爸爸》中邻居上门告状桥段的音乐线索表。

表 10-1　　音乐线索表示例

《摔跤吧！爸爸》邻居上门告状片段	
00：00	父亲骑摩托回家，在家门口被妻子拦截
00：05	母亲暗示有邻居上门，家里有麻烦
00：08	父亲与母亲走进院子
00：09	院子里挤满了邻居一家人
00：11	切父亲画面，父亲问发生何事
00：16	切邻居画面，两个男孩鼻青脸肿，与家人站在一起，男孩母亲质问
00：17	切男孩父母画面，男孩父亲被动质问
00：21	父亲挥手打旁边侄儿，问是否是侄儿打人
00：24	母亲告知父亲是吉塔和巴比塔打人（此时音乐起）
00：33	切吉塔、巴比塔画面
00：35	镜头从上到下展示两个被打男孩的窘态
00：40	切父亲吃惊地看向女儿们的画面
00：43	吉塔解释为何打人（吉塔开口音乐消失，吉塔话音一落音乐起）
00：51	切父母亲画面
00：53	切邻居父母画面
00：60	父亲道歉
01：05	邻居接受道歉离开（音乐停）

在上面的这个桥段里，音乐几乎是围绕女孩父亲的心境设定的，音乐节奏俏皮、欢快，尤其是展示被打男孩的窘态时音乐节奏和音量的大小达到顶端，暗示了父亲内心的窃喜。当女儿开始陈述事实时，音乐适时消失，女儿话音一落，欢快的音乐再次响起。一段邻居上门告状的故事，在音乐的带动下被演绎得妙趣横生，充满喜剧色彩，令人印象深刻。

在为作品配乐时，可以尝试制作音乐线索表，以确保音乐总体设计的和谐，为作品增光添彩。

3. 音乐起止点的设置

音乐的起始点如何确定呢？在绝大多数剧情片中，音乐往往容易出现在影片的开头或是情节桥段的转换处，通常在音乐的起始点都会出现一些视觉线索和对白线索，比如渲染环境或者情绪的画面、打斗开始、某人登场、光线发生变化、角色的对白带动等。而在一些纪实类作品里，对音乐的剪辑要更谨慎一些，尤其是在新闻性非常强的作品里，音乐的出现不能影响作品的真实性。

音乐从哪里开始很容易，但在哪儿结束往往难以决定。多数情况下，摄像机运动或主题改变的开始和末尾都是音乐出点和入点所在，剧情音效的结尾或是开端也可以成为音乐起止的诱因。

第二节 字幕的运用

在视听节目中，除了图像与声音之外，还需要文字的配合。在视听节目的屏幕里出现的文字有两种：一种是画幅内的文字，属于在拍摄时就构思好并纳入画框的，如画面中会议的标语、黑板上的字迹等；另一种是编辑人员在节目创作的后期阶段，根据节目的实际需要在画面上叠加的文字，往往以片名、演职员表、人物介绍、旁白、唱词、综艺花字、台标、时标等形式出现。本章所指的字幕指的是后者。

字幕因其高度抽象的语言表达作用而有别于画面中的其他内容，也因呈现环境和扮演角色的不同而有别于书本上的文字。视听节目是声像并重的视听艺术，其中视像可分为“图”和“文”两种，字幕作为抽象的符号和对图形（图像）的补充出现在画面中。它们不仅可以高效地解释晦涩难懂的画面内容，快速地交代事情发生的时间与地点，还可以给人以丰富的想象空间。字幕配合影像与声音，可以在为作品扩充信息量的同时注入更多的可视性和艺术性，起到画龙点睛的作用。

随着时代的发展进步，对字幕的运用经历了一个从不够重视到充分重视的发展过程。图 10-3 是中央电视台财经频道一条新闻的截图，在屏幕上，字幕的功能被运用到了极致，这些字幕不仅扩展了信息量，也凸显了播出单位的信息和栏目在后期包装上的特点，使屏幕上的内容变得丰富，极大地满足了不同受众对信息的需求。

图 10-3　中央电视台财经频道经济信息联播截图

随着互联网的兴起，新媒体视听节目的制作量与日俱增，创作者们在短视频中运用字幕来结构作品的创作手法也越来越常见。比如，《如果国宝会说话 2》的宣传片就采用了大量动感字幕来牵引观众的目光；抖音、快手等平台上的短视频也常常利用动感字幕来贯穿全片。字幕在创作中的重要性越来越突出。

一 字幕的类别

字幕是视听节目的重要构成要素，根据功能的不同，大致可以分为说明性字幕、信息性字幕、复述性字幕、渲染性字幕四类。

（一）说明性字幕

说明性字幕的功能是对画面做辅助性介绍，如对事情发生的时间、地点、人物的姓名、身份的介绍，使人简明扼要地了解最基本的事实要素，增强信息具体性（见图 10－4）。说明性字幕在视听节目中的使用相当频繁。

图 10－4　左图字幕提示事件发生的地点，右图字幕提示人物的姓名、身份

说明性字幕一般字号相对较大，字体艺术性强。利用非线性编辑软件制作时，往往采用字幕系统中的标题字幕完成。这类字幕有时也会搭配入屏、出屏的特效来增强其动感，丰富屏幕视觉效果。

（二）信息性字幕

信息性字幕又称补充性字幕，主要作为一种独立的表意单元传达某种完整的信息，借以补充视听节目的内容。这类字幕在纪实类作品中比较常见，多数为内容提要、知识点补充、同期声的梗概（见图 10－5）。

使用非线性编辑软件制作信息性字幕时，也可以采用字幕系统中的标题字幕来完

图 10－5　湖南卫视《味道》系列微视频截图

成。一些底部游走或者片尾滚动的演职人员表的字幕则采用滚屏字幕来完成。

（三）复述性字幕

复述性字幕的功能是对画面或者解说词所表达的意义进行强调和说明，以便受众更好地理解。视听节目中的对白、解说词、同期声字幕等都属于复述性字幕。有一些作品还会把解说当中的精要部分抽选出来做成字幕，以起到强调突出的作用。

制作对白、解说词、同期声类的复述性字幕时应根据实际情况选择合适的非线性编辑软件。在 Premiere 的视频编辑软件中，一般会借助 Photoshop 来完成字幕制作，而一些付费的专业级非线性编辑软件则直接通过录制来完成唱词字幕的制作。

由于对白、解说词、同期声等字幕的制作量比较大，因此越来越多的创作者借助诸如绘影字幕之类的软件来完成唱词字幕的制作，以节省时间，提高工作效率。

（四）渲染性字幕

随着时代的发展，字幕的功能也被不断地挖掘。越来越多的作品倾向于利用字幕来营造气氛、渲染情绪。对于风格化明显的作品，字幕不仅是强化作品基调的重要元素，还是放大兴奋点的重要手段，用来打造作品最引人注目的部分。一些知名的综艺节目甚至会成立专门的字幕制作小组，精心研究字幕的内容及其表现形式。比如，围绕节目的兴奋点进行同步性的评论；插入一些即兴的抒发情感的感叹；对一些现象进行归纳，利用字幕进行强化突出；利用字幕表达剧中人的主观情绪；等等。这些字幕用语活泼，形式多变，制作精美，极大地带动了节目的节奏和情绪，被年轻网友亲切地称为“字幕君”。

图 10－6 是芒果 TV 2017 年推出的大型真人秀节目《变形计》之“青春的名义”的截图。为了呈现城市少年陈新颖和乡村女孩小丽之间的隔膜，节目组放大了两人之间的矛盾，采用大量的花字来强化节目亮点，使得节目妙趣横生，看点十足。

图 10－6 《变形计》之“青春的名义”截图

二 字幕的设计原则

字幕在视听节目中所占的分量越来越重，其设计也越来越讲究。在设计字幕时，要注意以下原则。

（一）准确性

准确性是设计字幕时必须把握的首要原则。在新媒体时代，视听节目一旦借助互联网播放，其传播效果往往呈几何倍数增长。字幕当中的错别字、错误的信息不仅会影响作品的质量，还会造成信息的混乱，严重时甚至会引发舆情。2021 年陕西新冠病毒感染疫情期间，在三个不同的新闻报道中被采访对象的人名都是“马雪娥”（见图 10－7），这些新闻被网友扒出，引发全社会热议，一时之间众说纷纭。究其原因，就是后期编辑在制作人名条时打错了名字。后期编辑的不负责任导致了民众对媒体机构公信力的质疑，这一事件足以引起每一个编辑的警惕。

图 10－7 西安新闻出现多个“马雪娥”引发舆情

因此，在后期进行字幕的制作时，必须把握好字幕信息准确性这条底线，这是每一个制作者必须慎重对待的首要原则。

（二）适配性

字体设计必须从文字的内容和应用方式出发，形象而生动地体现文字要表达的主题思想。字体、字形、字号及呈现方式的选用，要与正文的要求和屏幕显示的特点相适配。具体表现在以下几个方面：

1. 出字方式与节目的表达内容、节奏相协调

视听节目不仅要注重字幕的内容，更要注重字幕的出现方式。出字方式的选择应从作品的内容要求出发，并与画面所表现的内容同步。例如，在新闻、专题等一类节目中尽量少用或不用特技方式出字幕，而用简单的划入划出、淡入淡出来出字幕；而在一些综艺节目、少儿节目中，为了增强趣味性、活泼性，可选用特技方式出字幕以增强娱乐性和可视性。动感的出字方式会给人一种“依附”感，与画面内容互相依托，相得益彰，字幕停留的时间应以观众看清楚为宜。

2. 选择恰当的字体

对字体的选择要非常谨慎，有些字幕看上去非常好看，又易于辨认；而有些字幕则过于花哨（如古体和手写体），很难看懂。选择字体时应保证字体既不太粗也不太细，过于粗犷的字幕常常会变模糊，而过于纤细的字幕则很难辨认和记忆，不能很好地起到提示作用。

字幕的字体应根据作品的题材、内容等来确定，除了片名字体外，其余的字体如说明画面内容、各章节标题、演职人员表等都要同片名字体和谐统一，保持一个完整的风格，要防止同一个作品字幕字体跳跃性太大。

绝大多数纪实性比较强的作品偏爱采用宋体、仿宋体、楷书、微软雅黑等字体，以保持画面的美观大方；而综艺感较强的节目，尤其是网络综艺节目，则可采用较活泼的字体。表 10－2 是几种常见字体的风格特点及适用的视听节目类型，供大家借鉴。

表 10－2　　**字幕常用字体的特点及应用**

字体	文字的特点	适用的视听节目类型
印刷宋体（含仿宋、华文中宋、小标宋）等	棱角分明，笔画平直，横细竖粗	偏纪实风格、比较硬朗的纪录片、文艺片、时尚片

续表

字体	文字的特点	适用的视听节目类型
书法字体（含大楷、小楷、行楷、草书）等	飘逸、灵动	大楷适宜庄严、古朴、复古风格的作品，小楷适宜风格清新、沉静的文艺片
钢笔字体	纤细、清秀，个性化特征明显	文艺调性浓厚，适用于综艺节目旁白、Vlog、日记体视频、动感相册等
黑体（含微软雅黑）	横平竖直	百搭，适用于所有类型的节目

3. 字幕的色彩和变化的方式要清晰、和谐

在一个画面中，最能分散注意力的大概是色彩，因此在涉及色彩时，一定要注意叠加的字幕在色彩选择上应与所传达的具体画面内容相协调。对于纪实类的节目，其字幕在色彩上应尽量保持平实、朴素、自然；在戏剧冲突比较多的综艺节目、个性化比较浓的文艺作品中，可以适当根据作品的风格选择与之和谐的色彩，尤其是与栏目自身的个性化色调相吻合的色彩。此外还要注意色彩不宜过于繁杂，否则会导致屏幕花里胡哨，影响作品质感。

需要注意的是，屏幕上文字的色彩、字体等要清晰。比如，如果演员穿白衣服，仍要选白色字幕时，那就一定要为文字镶个边，或者用带色彩、半透明的底板来突出文字，否则文字与背景融在一起，会导致字幕模糊不清。

（三）易读性

为了保证屏幕上的文字足够易读，一般需要注意两点：一是合理选用字体、字号及字间距、行间距，使之符合大多数人的阅读习惯；二是合理选用色彩和明度，确保文字在背景上清晰、醒目，一目了然。

字幕停留时间的长短一般由字幕字数的多少来决定。单行显示的字幕条，字数一般控制在 13～15 个，停留的时间大约是 10 秒钟；如果是双行显示的，则每行的字数控制在 8～10 个左右，停留的时间大约为 15 秒。

不要试图在同一个画面中采用过多的文字信息，要注意避免文字和画面争夺受众的注意力。在运用字幕突出要点时，不一定非要写出整个句子，用短语或者关键词标明即可。画面的文字越简单明了，越容易被受众记忆和接受。

（四）艺术性

现代设计中，文字因受其历史、文化背景的影响，可作为特定情境的象征。因此在

具体设计中，字体可以成为单纯的审美因素，发挥和纹样、图片一样的装饰功能。在兼顾实用性的同时，可以按照对称、均衡、对比、韵律等形式美的法则，适当调整字形大小、笔画粗细甚至字体结构，使文字在表达内容的同时，也为画面增添一些艺术因子。

第三节 合成输出

创作是一个系统工程，从最初的选题、创意、策划，到现场的导演、拍摄，再到最后的编辑、剪辑，每一环节都至关重要。合成输出是作品完成的最后一环，这一环主要包含两个方面的重要内容：一是全面检查剪辑效果，为作品质量把最后一道关；二是渲染输出。

一 全面检查剪辑效果

作品的声画剪辑全部完成之后，需要对作品从头到尾进行认真的检查，以避免出现信息错漏，质量不过关。全面检查包含以下三个部分。

（一）检查意义的表达

在作品创作成型后，创作者需要回过头来反思成品与预设之间的契合度。这一点对于初级创作者尤为关键。创作者要思考作品是不是较好地实现了创作意图，意义的表达是不是完整、清晰、连贯，各部分的结构比例是不是匀称恰当，剪辑有没有破坏真实性和逻辑性。

（二）检查画面

在确定作品意义的表达合格之后，创作者接下来要做的是检查画面，包括以下几点：重点检查画面有无跳帧、夹帧现象；有没有画质受损的情况；视觉是否流畅；剪辑点的选择是否合理；场景过渡是否自然；色调和影调是否和谐；有无越轴情况出现；字幕内容有无错漏。

（三）检查声音

输出之前需要对声音进行细致的检查，重点查验音频信号是否符合技术指标，有没有音量过小、声音过曝、杂音过大的情况；各种声音混合的比例是否恰当；声画是否协调。

二 渲染输出

当下绝大多数创作者都采用非线性编辑软件进行后期编辑，在序列或是节目时间线上已经完成粗剪、精剪、特技编辑、字幕编辑、音频调节等一系列工作后，最后一步就是准备输出了。非线性编辑软件提供了多种输出方式，不仅可以将节目输出到磁带、介质盘、DVD上，也可直接输出为文件。新媒体时代，绝大多数视听节目都是以数字文件的形式保存的，方便跨平台进行交互。

目前主流的适用于电脑编辑的非线性编辑软件如 Adobe Premiere、Edius、Apple Final Cut、索贝 Nova 等，都可以提供如 MOV、MXF、AVI、WMV、MP4、MPG 等多种格式的输出。一些短视频平台针对手机用户设计了便于视频剪辑和发布的工具，如剪映、VUE Vlog、Quik、巧影等。这些软件和工具的操作大同小异，在输出方式上也基本一致，具体的操作细则，可以参照相关软件和工具的使用说明。

在渲染和输出时，创作者要充分考虑作品发布的场景需求，视频编码标准，音频声道分布的要求，视频的像素、格式大小等因素，在渲染输出各项参数设置时进行合理选择。

新媒体视听节目创作是高度综合的艺术，从宏观上说，它是社会各领域、各类艺术的融合；从微观上看，它是多种创作手段、创作元素的合理调配。在新媒体日益发展的今天，新媒体视听节目创作的主体已经由专业的新闻传媒机构扩大到普通民众，创作的门槛在降低，但民众的审美、对于视听艺术的要求却在不断提升。作为新媒体视听节目的创作者，不管是否来自专业媒体机构，在创作时都要保持对艺术创造的热情，秉持工匠精神，坚守创作精品的意识，这样才能创作出好的作品，也才能真正地在创作的世界里找到乐趣。

【扩展资源】

1. 珀塞尔．对白剪辑：通往看不见的艺术［M］．王珏，朱熠，译．北京：人民邮电出版社，2012.

2. 凯林斯．超越杜比：数字声音时代的电影［M］．张晓月，孙畅，译．北京：人民邮电出版社，2019.

【思考与练习】

1. 如何理解声音的特性对声音剪辑的影响？
2. 如何理解声音和视觉是搭档而不是对手？
3. 如何理解渲染性字幕在综艺节目中的运用？

【实践项目】

1. 选择一个你最喜爱的综艺节目，全面分析字幕内容撰写，字体、颜色的设计特点，以及字幕的特技特点，形成文字报告。

可参考下表形式对实践项目进行考核评价。

实践项目考核评价表 1

任务			
创作方式		姓名	
具体内容			
成果表现形式	文字报告		
实践小结			
学生互评 （满分 40 分）	1. 文字表述能力（20 分） 2. 总结科学性（20 分）	评分	
指导老师评语与评价 （满分 60 分）	总分：		

2. 围绕消防安全，制作公益短视频，注意声音、字幕等综合元素的运用，并在社交平台上发布，获取点赞和关注。

可参考下表形式对实践项目进行考核评价。

实践项目考核评价表 2

<table>
<tr><td>任务</td><td colspan="4"></td></tr>
<tr><td>创作方式</td><td></td><td>姓名</td><td colspan="2"></td></tr>
<tr><td>具体内容</td><td colspan="4"></td></tr>
<tr><td>成果表现形式</td><td colspan="4">短视频</td></tr>
<tr><td>实践小结</td><td colspan="4"></td></tr>
<tr><td>自我评价
（满分 30 分）</td><td colspan="2">1. 实践态度（10 分）
2. 解决现实问题的能力（20 分）</td><td>评分</td><td></td></tr>
<tr><td>学生互评
（满分 30 分）</td><td colspan="2">1. 协调能力、组织能力评价（15 分）
2. 实践小结完成度（15 分）</td><td>评分</td><td></td></tr>
<tr><td>社会评价
（满分 40 分）</td><td colspan="4">社交媒体关注度：

精华留言截图：

总分：</td></tr>
</table>

图书在版编目（CIP）数据

新媒体视听节目制作：数字教材版／谢杰主编；杨清华，刘玉祥副主编．-- 北京：中国人民大学出版社，2023.6

普通高等学校应用型教材．新闻传播学

ISBN 978-7-300-31824-0

Ⅰ．①新… Ⅱ．①谢… ②杨… ③刘… Ⅲ．①电视节目制作-高等学校-教材 ②广播节目-节目制作-高等学校-教材 Ⅳ．①G222.3

中国国家版本馆 CIP 数据核字（2023）第 102072 号

普通高等学校应用型教材·新闻传播学

新媒体视听节目制作（数字教材版）

主　编　谢　杰

副主编　杨清华　刘玉祥

Xinmeiti Shiting Jiemu Zhizuo

出版发行	中国人民大学出版社		
社　　址	北京中关村大街 31 号	**邮政编码**	100080
电　　话	010－62511242（总编室）		010－62511770（质管部）
	010－82501766（邮购部）		010－62514148（门市部）
	010－62515195（发行公司）		010－62515275（盗版举报）
网　　址	http://www.crup.com.cn		
经　　销	新华书店		
印　　刷	天津中印联印务有限公司		
开　　本	787 mm×1092 mm　1/16	**版　　次**	2023 年 6 月第 1 版
印　　张	14.5 插页 1	**印　　次**	2024 年 7 月第 2 次印刷
字　　数	248 000	**定　　价**	39.90 元

关联课程教材推荐

书号	书名	第一作者	定价（元）	出书时间
978-7-300-29101-7	视听新闻报道	周　勇	65.00	2021-03
978-7-300-31973-5	出镜报道（第 3 版）	张　超	59.80	2023-08
978-7-300-32053-3	广播电视新闻业务（第 2 版）	常　昕	59.80	2023-09
978-7-300-31894-3	广播电视概论（第 2 版）	周小普	69.80	2023-07
978-7-300-17836-3	广播新闻	成文胜	42.00	2013-08
978-7-300-18903-1	电视新闻	于忠广	29.80	2015-01
978-7-300-25925-3	电视采访学（第三版）	雷蔚真	39.80	2018-07
978-7-300-21066-7	节目主持人教程（第二版）	廖声武	32.00	2015-05
978-7-300-30669-8	视听新闻实务（数字教材版）	郭子辉	59.80	2022-07

配套教学资源支持

尊敬的老师：

衷心感谢您选择使用人大版教材！

相关的配套教学资源，请到人大出版社网站（www. crup. com. cn）下载，或是随时与我们联系，我们将向您免费提供。

欢迎您随时反馈教材使用过程中的疑问、修订建议并提供您个人制作的课件。您的课件一经采用，我们将署名并付费。让我们与教材共成长！

联系人信息：

地址：北京海淀区中关村大街 31 号 206 室　龚洪训 收　　邮编：100080

电子邮件：gonghx@crup. com. cn　　电话：010－62515637　QQ：6130616

如有相关教材的选题计划，也欢迎您与我们联系，我们将竭诚为您服务！

选题联系人：	电子邮件：	电话：
周莹	383902102@qq. com. cn	010－62511612

俯仰天地　心系人文

人大社网站　www. crup. com. cn

专业教师 QQ 群：723715191（全国新闻教师 2 群）

欢迎您登录人大社网站浏览，了解图书信息，共享教学资源

期待您加入专业教师 QQ 群，开展学术讨论，交流教学心得

群名称:全国新闻教师2群

群　号:723715191